静岡学問所

静新新書
038

はじめに

つい先日、ＮＨＫテレビ・大河ドラマ「龍馬伝」を観ていたら、坂本龍馬と西郷隆盛が薩摩藩邸内の一室で初めて会見した場面で、床の間に「敬天愛人」という四文字が大書された掛軸が掛かっていた。これは明らかに時代考証のミスであろう。なぜなら、「敬天愛人」という字句を西郷が座右の銘としたのは維新後のことだからである。実は、「敬天愛人」は静岡学問所教授の中村正直が、明治三年（一八七〇）『西国立志編』の翻訳を進める中で創り出した言葉であり、静岡に留学していた薩摩藩士がそれを郷里鹿児島の西郷へ伝えたものだったのである。その詳細は本書の本文をご覧いただきたい。

西郷隆盛の思想にも影響を与えた優れた学者が在職していた静岡学問所であるが、明治初年に存在したこの学校について、世間ではどれほど認知されているであろうか。それが徳川幕府の文化的遺産を引き継いだ、当時としては先進的な教育機関であったことは、これまでも静岡県や静岡市の歴史について述べた書物で繰り返し紹介されてきた。しかし、教科書に登場するわけでもなく、また日本史の概説書などでも触れられている例は稀であり、全国的な知名度は高いとは言えない。

一方、同じ静岡藩・徳川家が創設した沼津兵学校は、歴史の教科書に登場するほどの存在ではない点に違いはないが、概説書・研究書のレベルでは日本近代の軍事史や教育史の上で、わずかではあっても言及されている場合が少なくない。その違いが生じた理由については、本書や別の拙著などから読み取っていただきたいのであるが、一面において、当時静岡学問所は沼津兵学校と同等の、あるいはそれ以上の存在であったことは紛れもない事実である。

本書は、これまで単独の書籍としては取り上げられることがほとんどなかった静岡学問所について、できる限り諸資料・諸事実を集約し、その概要を伝えようとするものである。「教科書が教えない」云々と題された書籍が巷にあふれているが、静岡学問所もまさにそうである。地域史ばかりか全国史的にも大きな存在意義を有したこの学校について、まずは地元から認識を新たにしていただければ幸いである。

目次

1　プロローグ

政局のなかの学者たち

　幕末の学者、ましてや攘夷家たちから目の敵にされた洋学者は、政治に関心を持つことは危険であった。視野を狭くし学問に没頭している方が身のためであり、またそれを望んだ者、そうせざるをえなかった者も少なくなかったであろう。しかし、鳥羽・伏見での敗戦は、ノンポリを決め込んでいた江戸の洋学者たちを一気に政局の中へと押しやった。

　慶応四年（一八六八）正月中旬、江戸小川町の開成所を会場に幕府や三六藩の有志が集合しての会議が開かれ、「官軍」（新政府軍）の東征に対しどのように対応するかが議論された。主戦論が主流を占めたこの会議運営の中心になったのは、神田孝平《かんだたかひら》・渡部温《わたなべおん》・柳河春三《やながわしゅんさん》・林欽次ら開成所勤務の洋学者たちであり、他にも西尾錦之助・河田熙《ひろむ》らの開成所幹部たち、津田真道《まみち》・加藤弘之・小林鼎輔・榊綽《ゆたか》らの教授たちが参加した（『復古記』第一巻）。

　また、老中や若年寄といった幕府時代の旧体制が自然消滅していく中、同月下旬には開成所教授職津田真道、同教授職並加藤弘之が目付に登用される。さらに、先の開成所会議で持ち上がった衆議機関の設立が実現し、「公議所」と呼ばれる旧幕臣・諸藩士から庶民までを加えた上下一致を目指す議会が設置されることになった。公議所御用取扱に任じられた者には、津田・加藤に加え、阿部潜《せん》・西周《あまね》らがおり、洋学者の政治的進出が一段と加速した。江戸城大広間で開かれた公議所の会議は、制定された規則にのっとり進められ、徳川慶喜の恭順方針の是非や新政府に寛典を嘆願することなどが議論された。

困難な政治状況を背景に一躍登場した洋学者主体の公議所であったが、一瞬の閃光《せんこう》で終わった。東征軍の江戸攻撃が迫る中でまもなく立ち消えとなったのである。しかし、それは、いかにも西洋の事情に通じた者たちが改革の理想を持って立ち上げたものであり、「部分的ながら身分制の枠を破った開明的要素」（原口清『明治前期地方政治史研究 上』）を含みつつ、能力ある者を登用し、旧幕臣の結集と権力の集中を図ろうとする動きであった（亀掛川博正「旧幕府公議所について」）。

公議所は短期間で消滅したが、政治的に覚醒した洋学者たちの活動は形を変えながら続く。すなわち、柳河春三・渡部温らが中心となって発行した『中外新聞』等による佐幕的言論活動がそれである。『中外新聞』発行の主体となった会訳社というグループには、加藤弘之・箕作麟祥《みつくりりんしょう》・市川兼恭《かねのり》・河津祐之・堀達之助・外山正一・堀越愛国・春田与八郎・薗鑑《そのかん》・石橋好一ら開成所の洋学者の面々が挙って参加していた。日本におけるジャーナリズムの発祥である。

これまで名前を出した、戊辰の戦乱に臨み政治的な動きに関わった洋学者たちのうち、かなりの人数が数カ月後には新生徳川家・駿河府中藩（後に静岡藩と改称）の静岡学問所や沼津兵学校の教授になった（具体的には津田・西・渡部・榊・外山・堀越・春田・薗・石橋）。駿河への移住は、彼らの政治熱が冷めた後に行われたのであり、学問・教育への復帰の裏には一種の喪失感やニヒリズムが満ちていたものと想像される。幕府に代わる政権構想「議題草案」を将軍慶喜に提案した西周、幕府中心の憲法草案「日本国総制度・関東制度」を起草した津田真道、沼津兵学校・静岡学問所のトップに就いた二人にとっても、すでに政治の季節は去っていたのである。

小栗上野介の遺族

明治元年（一八六八）十月、駿府学問所で蘭学を教授することになる日下寿《くさか》（寿之助）は、親類小栗忠順《ただまさ》（上野介）の家族を引き取り、いっしょに駿河へ移住したいとの願書を藩当局に提出し、翌月許可された（『静岡県史　資料編16近現代一』）。勘定奉行・軍艦奉行などを務め、ナポレオン三世のフランスと提携し幕府権力の強化を図ったことで知られる小栗忠順は、閏四月六日上州において「官軍」の手で処刑されていた。忠順の養子忠道（又一）も殺害された。日下は小栗忠順とは従兄弟同志であり（正確には忠順の母くに子と寿の養父日下数馬が兄妹の間柄）、さらに日下の義妹鉞子が忠道に嫁いでいるという二重の姻戚であった。また、忠道と日下は、横浜語学所でともにフランス人教官のもとフランス語を学んだ仲でもあった。

忠順の死後、その母くに子と妻道子は、会津・越後を回っての苦難の逃避行の末、忠道の実家である元旗本駒井家を頼り駿河にたどり着いた。そして、忠道の弟でやはり横浜語学所で学んだ経歴を持つ駒井忠祥（悌四郎）に小栗家の家督を相続させ、静岡藩から扶持米を給されることに成功する。日下は親類として忠順や義弟忠道の非業の死を悼むとともに、遺族を保護し、小栗家の存続を援助したのである。

七歳の家達《いえさと》（亀之助）が相続を許され、駿河・遠江、そして三河の一部に七〇万石を与えられ、東京から駿府に移封された徳川家であったが、関東・奥羽、さらに蝦夷地での戦乱は続行中であった。駿遠に移住した旧幕臣たちも決してその戦乱とは無縁ではなかった。身内が脱走軍に加わっている者は少なくなかったし、移住前に自ら新政府軍と矛を交えた経験を持つ者もいた。主家の恭順方針に従って移住した徳川家臣団ではあるが、薩摩・長州を中心とした新政府に対し敵愾心《てきがいしん》があったのは当然であり、個々人の間には複雑な事情に基づく様々な思いが渦巻いていたといえる。

日下寿は、新政府軍から目の敵とされ殺害された小栗忠順を親類に持ったことから、決して心穏やかに駿府での新生活を始めることはできなかったであろう。とはいえ、そのような気持ちが永遠に続いたわけでもなく、他の多くの同僚たちと同様、静岡でしばらくの期間を過ごした後、廃藩後は彼も新政府に出仕することになる。明治政府にとって旧幕臣の人材は必要だったのであり、旧幕臣たちにとっても生活のため、あるいは自身の能力を活かすためには新政府に仕えることが必要だったからである。

成功者の挫折

宮原寿三郎（号は木石《ぼくせき》）という名の御儒者《おじゅしゃ》がいた。彼は、もともと備後福山藩領（現岡山県井原市大江町）の医師の次男に生まれ、旧名を千葉圭助といった。郷里では頼山陽《らいさんよう》の門人関藤藤陰《せきとうとういん》に学んだ後、嘉永・安政期に江戸の昌平黌《しょうへいこう》書生寮に入り古賀謹一郎に師事したほか、大村益次郎にも入門した。やがて黒鍬之者という下級の御家人の家を相続し、幕臣の身分を手に入れた。そして蕃書調所《ばんしょしらべしょ》教授方手伝並となり、慶応四年には御儒者となっていた。

しかし、幕府瓦解に際会し彼の立身はストップした。同年六月六日付書簡で、備中国で興譲館《こうじょうかん》を主宰した漢学者で、五歳年長の先輩にあたる阪谷朗廬《さかたにろうろ》に宛て、このまま徳川家に臣従していたいが、「三万有余之家臣」（三万人を越える家臣）を扶助しなければならない時、自分のような新参者が真っ先にお暇《いとま》をもらわなければならないのは当然であり、その場合は「徳川浪人ニ而暫時都下ニ流寓」（徳川家の浪人となってしばらく江戸で流寓）するつもりであるが、それも無理ならば故郷へ「帰田潜伏」（帰農して身を潜める）する決心であると告げた。同じく阪谷宛八月二十二日付書簡では、主家に従い駿河へ移住する家臣はわずかに「五六千」と限られたので、自分はかなわないと思っていたが、にわかに「駿府陪従」が決定、来る二十五日には家族を引き連れ陸路駿河へ出立することになった、昨秋二五〇両の大金を費やして建てたばかりの住居は、買い手もなく、解体して湯屋・道具屋に売却しても二〇両程度にしかならないので、バラした資材を船廻しにして運搬し、移住地に建て直すつもりであるなどと記した（国立国会図書館所蔵・阪谷家文書）。

宮原は移住後、静岡学問所二等教授に就任するが、希望していた徳川家に仕え続けることが叶ったというれしさの反面、主家の没落に伴う都落ちにより、これまで順調だった自身の人生に大きな転機が訪れたことを悟ったであろう。翌年七月二十四日付書簡には、旧主徳川慶喜の静岡での謹慎生活について、阪谷との共通の知人である渋沢栄一と語り合い、嘆息したとも記している。備中には一橋家の領地があり、阪谷は慶応二年（一八六六）、領主である慶喜に面談したこともあって、その近況を心配していたらしい。

学問の力によって旗本の家臣すなわち陪臣《ばいしん》から直参《じきさん》に取り立てられ、幕末段階で成功をつかんだのは、静岡学問所二等教授になった望月万一郎（毅軒《きけん》）も同じであった。彼は維新後の変転を決して悲観的にはとらえていない。明治二年（一八六九）九月に一等格漢学一等教授に昇進し、俸金三〇〇両を下されることになったが、そのことを弟に知らせる手紙に、「三位様」（徳川家達《いえさと》）の前で直々に仰せ渡されたことに感激し、数千の無禄移住者が料理屋・小間物屋などを営み、米舂《こめつき》までして苦しい生活をしている中、「飽食暖衣」をさせてもらっていることは実にありがたいと述べ、亡き父（韮山代官江川氏に仕えた人）への感謝の気持ちも表した。その彼も廃藩後には上京し明治政府に出仕したが、韮山に住む弟宛書簡には、「都下之姿昔しとハ大かハり、人の心もそれにつれ候而今ハ徳川と申事口ニ出し候ものも無之、官員にハ中国西国の人八分通り」と、薩長出身者が幅を利かし、江戸の面影が消えた東京の現況を嘆いた（六年十月十六日付・望月家文書）。

さて、右の如き多様な人間模様を織り交ぜながら、明治初年の静岡に集った旧幕臣の群像、具体的には静岡学問所という学校とその教師・生徒になった者たちについて叙述するのが本書の目的である。ただし、静岡学問所に関しては、近代学校の先駆として多くの既刊の文献によって紹介されているので、できるだけそれらとの重複は避け、多くの新史料・新事実を盛り込み、新鮮な叙述をしていくようにしたい。従って、通史的、概説的な部分は必要最小限にとどめたい。巻末に教授陣の一覧と年表を収録したので、本文の参考として併せてご覧いただきたい。

明治維新という政権交代を経て、旧政権に属していた人々がその後どのように歩んだのか、明治維新という社会変革を経て、旧支配身分の者がどのような変身を遂げ近代国家の中に吸収されていったのか、という大きな問題を設定したとき、旧幕臣という最大の士族集団の場合、注目すべき転換点として静岡の地を舞台にした教育への取り組みに目を向けることは的外れではないと考える。国家や社会が大きく変化する時、教育の在り方も大きく様変わりする。あるいは、新しい人の育て方、育ち方が国家・社会を変化させるという一面もある。静岡学問所について見てゆくことの意味もそこにある。

2　江戸幕府の遺産

開成所・外国方からの引き継ぎ

慶応四年七月、駿府移封にともない徳川家が連れて行く予定の家臣団名簿、「駿河表召連候家来姓名」（国立公文書館所蔵）が作成されたが、その中には、儒者として中村正直《まさなお》・望月万一郎、教授方として宮原木石・長谷部甚弥・浦野鋭翁《えいおう》・芹沢潜《せん》、洋学用取扱として西尾錦之助・長田銈太郎《おさだけいたろう》、洋学教師として西成度・名村元度・福地源一郎・尺振八《せきしんぱち》・杉田玄端《げんたん》・杉亨二《こうじ》・渡部一雪（渡部温のことか）・東条礼蔵・杉山親・堀越愛国・前田又四郎・榊綽《ゆたか》、他に調役などの俗務役一〇人ほどの名前が列記されていた。移封先の駿河で学校を設け、彼らを教師として活用することがほぼ決まっていたのである。

この名簿作成に前後して、同じ七月、開成所総奉行川勝広道（近江）・開成所奉行並森川義利（荘次郎）から藩当局に対し、塩田三郎・西成度・杉田玄端・名村元度・福地源一郎・尺振八・杉浦譲・渋沢栄一・福沢諭吉・小田切綱一郎らについては、本来「駿河表学校」が開設される際にはその教師となるべき者たちであるが、まだフランス留学中の徳川昭武に関わる仕事などが残っており、また外交に関して新政府からの問い合わせに答えなければならないため、当分の間は外国関係の事務を継続させるとともに家臣の列に加えておいてほしいとの願書が提出されている（『静岡県史　資料編16近現代一』）。福地・福沢・尺らは実際には静岡の学校に赴任することはなかったが、この段階では徳川家が確保しておくべき人材として認識されていたわけである。

なお、『静岡県史』では、この史料の表題を「旧開成所塩田三郎他五名の儀に付願書」、「旧開成所支配向勤続者名前取調書」としているが、ここに挙げられた人々は開成所というよりも本来は外国方の職員だった者である。外交権を失った徳川家では閏四月に外国方を廃し、その職員は開成所の管轄下に移していた。川勝・森川の前職もそれぞれ外国事務副総裁、外国奉行並であった。少しさかのぼって見てみれば、静岡学問所の洋学部門の陣容は、旧幕府の開成所と外国方の所属員を合わせ構成したことがわかるのである。

八月には開成所奉行・同頭取らが林又三郎に対し、小野弥一・川上冬崖《とうがい》・箕作奎吾《みつくりけいご》・中浜万次郎・成瀬弥五郎・外山正一《とやままさかず》・田中弘義・桂川甫策《ほさく》・飯高平五郎・菊池大麓《だいろく》・安井真八郎・松波升次郎・近藤鎮三《やすぞう》・岩佐敬重（源二）・伊東昌之助ら一五人の駿府随行を願い出た。これは、優れた人材を散り散りにしてしまうのは惜しいので、「学問所附属教授人員中へ御差加」えてほしいという趣旨で、先の「駿河表召連候家来姓名」から落ちてしまった人材をすくい上げるためであった。一五人中六人が幕府瓦解を知り六月に慌てて帰国したばかりの幕府派遣イギリス留学生であった。彼らの中で、実際に静岡学問所教授に就任したのは外山・田中・松波・近藤・岩佐である。川上・桂川は沼津兵学校のほうに回った。中浜・箕作・菊池・伊東らは静岡藩自体に帰属しなかった。菊池大麓については、「静岡の学校で教授方をしてゐた」とする文献もあり、まだ年少だったためか授業の合間には裸足になってメダカ捕りに熱中していたという逸話も残るが（竹斎「緑蔭茶談」）、他に史料的裏付けが得られない。

林家の退場

開成所総奉行・同奉行並として引き継ぎ事務に尽くした川勝広道・森川義利は明治元年（一八六八）十月開成所役々の廃止とともに勤仕並寄合に編入され、静岡学問所関係の役職に就くことはなかった。ちなみに、川勝は新政府の兵部省に出仕し、幕府が設立した横浜語学所を大阪兵学寮の幼年学舎として再生させる役割を果たす。

先に名前が出てきた林又三郎（学斎・昇）は、幕府の文教政策を担ってきた林大学頭《だいがくのかみ》家の当主であり、慶応四年八月段階では「教授惣括相心得候様」と駿府移封後の徳川家の学事を一任されていた。しかし、明治元年十月晦日には学問所御用取扱を御免となり、学校新設計画の中心的な位置からはずされ、やがて小島《おじま》奉行という行政職に転じた。翌月、林に対しては、「其祖先道春以来」、「天下文教ニ勲功」があったことを褒賞し、「御紋付御三所物」が下賜された。徳川家康に仕えた初代羅山《らざん》以来、林家歴代の学事における功労を讃える一方、新時代には先祖伝来の仕事を世襲させることはできないとの厳しい申し渡しでもあった。林鶯渓（晃、又三郎の兄）・古賀茶渓《さけい》（謹一郎）・矢口謙斎らが「静岡にて時々学校見廻るべしとの命」を受けたが、「名目を附け禄を与へ優遇した」だけのことであり、実際に彼ら老儒が学校へ出ることはなかったという証言もある（『香亭遺文』）。古賀に関して、「折々学校江出勤可致と之事ニ而其実用事ハ無之、壱ケ年百金ツ、宛行申候」（時々学校へ出勤せよとのことで、実際に用事はなく、年一〇〇両が支給された）（三年七月十八日付阪谷朗廬宛宮原木石書簡）と記した史料もあることから、それは事実であろう。

代わって静岡学問所のトップの地位に就いたのが、向山黄村《むこうやまこうそん》・津田真道であった。二人が頭《かしら》（校長）に任命されたのは林が解任されたのと同日である。翌年八月には二人に加え河田熙が少参事・学校掛《がかり》に就任した。向山や河田は昌平黌の秀才であったが、同時に外交官の経験を持つ新知識人でもあった。津田がオランダに留学した当代きっての洋学者であることは

向山黄村
慶応3年フランスにて（『江戸』第二巻第二綴より）

津田真道
幕府留学生時代にライデンにて（個人蔵）

河田熙
遣欧使節の際パリにて（人見寧則氏所蔵）

言うまでもない。この新旧交代劇は、幕府から静岡藩への学制刷新を象徴するものであった。

明治元年九月段階では、藩の最高幹部である中老たちの役割分担として、服部常純《つねずみ》（綾雄）が海陸軍・学問所御用、浅野氏祐《うじすけ》（次郎八）が諸家引合・学問所御用、河野九郎（左門）が大奥・海陸軍御用、織田泉之（和泉）が諸家引合・御勝手御入用筋・市在御用と定められており、学問所に関しては服部・浅野の二人が向山・津田らの上位に位置することになっていた。

なお、明治三年刊の『静岡御役人附』に記載された教員一覧に学問所頭の名称はなく、軍事掛兼学校掛の権大参事服部常純を別格とすれば、少参事・学校掛が静岡学問所の事実上のトップ（校長）であった。

教授の等級制

明治元年（一八六八）十月から教授の任命が開始され、一等から五等までの教授が選任された（155〜169ページ参照）。この数字による等級制は、開成所が慶応二年（一八六六）十二月に実施した学制改革、すなわち、教授職・教授職並《なみ》・教授手伝・教授手伝並という既存の職階に、新たに一等・二等・三等教授という等級を部分的に付加したという変更を、さらに全面的に発展させたものといえる。昌平黌では、頭取・頭取並・教授方・教授方手伝・教授方手伝並・世話心得・世話心得並といった等級が採られており、両者を折衷したような部分もある。いずれにせよ、等級付けすることによって、実力本位の採用・昇任が行われ、地位や職務・権限などが明確にされたと考えられる。御目見以上・以下の身分差、当主か部屋住・次三男かの違い、直参か陪臣かの区別など、旧幕時代の制約や矛盾は解消され、一元化された近代的な人事システム、能力主義的な職制へと一歩進んだものであると言えよう。

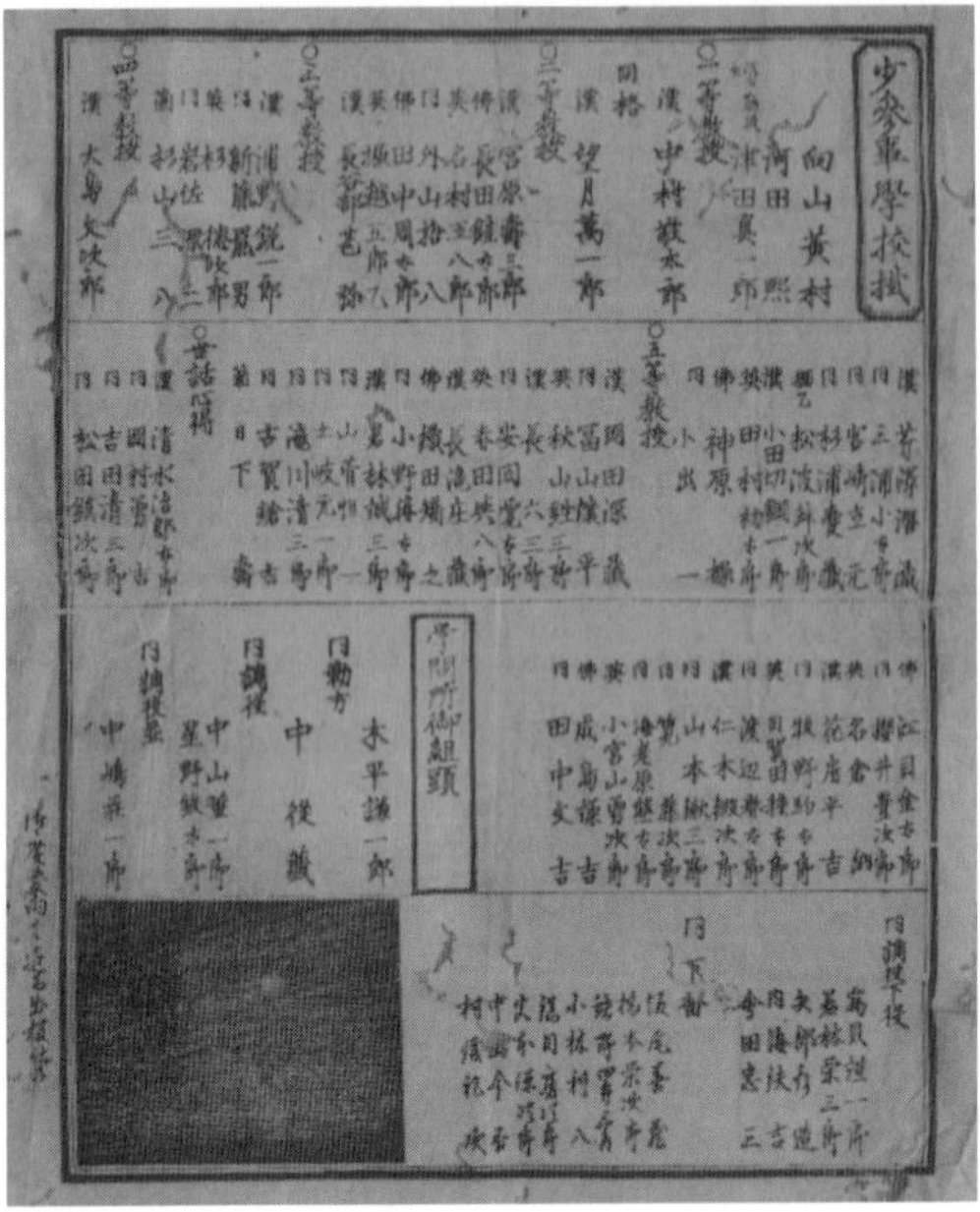
明治２年９月頃発行の静岡学問所職員録（大原幽学記念館所蔵）

表１　静岡学問所・沼津兵学校教職員の階級・俸金額

府中学問所	俸金	沼津兵学校	俸金
学問所頭	500両	陸軍学校頭取	500両
一等教授	300両	陸軍一等教授方	370両　手当100両
		陸軍一等教授方並	300両　手当100両
二等教授	200両	陸軍二等教授方	220両　手当80両
二等格学問所御用取扱	150両		
三等教授	100両	陸軍三等教授方	150両
三等格教授	100両	陸軍三等教授方並	100両
学問所和学御用取扱	100両		
御書学御師範	100両		
四等教授	100両		
学問所組頭	100両		
御事蹟調役	100両		
学問所組頭勤方	80両		
学問所調役	70両		
御事蹟調役勤方	70両		
五等教授	65両		
学問所調役並	60両		
学問所調役下役	30両		
学問所下番	20両		
学問所使之者	18両		

明治２年６月時点。『維新前後の静岡』より作成。

静岡学問所四等教授の辞令　明治3年11月
（八王子市郷土資料館所蔵）

表1は、静岡学問所と沼津兵学校の教職員の等級・俸金額の比較である。ただし、典拠とした史料に記載がなかったため、兵学校の方は存在したはずのその他の教職員の種類（絵図方・火工方・調馬方等）が落ちている。両校では、数字による等級制を採用した点は同じであるが、その分け方には違いがあった。学問所の方は、「格」が付いた者も若干いたが、基本的には一等から五等の五段階に分けたのに対し、兵学校では一等から三等までと、それぞれに「並」という階級を設けたのである。教授に準じる存在としては、学問所には教授世話心得、素読《そどく》教授手伝、兵学校には教授方手伝が置かれており、やはり名称が違っている。

明治元年十二月二十五日、学問所一等教授は三七〇両にアップし、席次は陸軍一等教授方の上に、二等教授は二二〇両にアップし、席次はこれまで通り、三等教授は一五〇両のままで席次は陸軍三等教授方の上に、四等教授は一〇〇両にアップし、席次は陸軍三等教授方並の上に、五等教授は六五両にアップし、席次は陸軍三等教授方並勤方《つとめかた》の上にするという布達が藩から出されており、いずれも学問所の方が兵学校よりも席順は上であるとされた（『静岡県史　資料編16近現代一』）。しかし、明治二年（一八六九）六月時点での表1では、学問所の俸金が旧のままになっており、兵学校教授の方が高いのは不可解である。二年六月というのは、典拠とした文献が誤っている可能性がある。

英学と仏学

開成所で生徒の数が最も多かったのは英語とフランス語の専攻であり、その状況はそのまま静岡学問所にも引き継がれた。英仏は西洋列強の中でも政治・経済・文化面のどれをとっても最強国であり、日本の洋学書生たちにもその言語を学ぶことの有効性は十分に認識されていた。幕末維新の政局において、幕府を支援したのはフランス、薩長を後押ししたのはイギリスであり、両国が及ぼした影響の大きさは記憶に新しいところであった。

幕府は文久期のオランダ、慶応期のフランス、イギリス、ロシアと、ヨーロッパ各国に留学生を派遣した。しかし、まもなく幕府が倒壊したため、彼らが学び取ってきたものが幕府の文教政策等に十分に発揮されることはなかった。オランダから早めに帰国していた西周と津田真道の二人は、それぞれ沼津・静岡へ移住し、兵学校・学問所の責任者となったので、学校の制度設計面において留学の成果が多少なりとも盛り込まれたといえる。

西と津田以外のオランダ留学生は、海軍と医学を専攻していた者である。林紀《つな》（研海）は静岡病院の頭《かしら》（院長）に就き、赤松則良《のりよし》は沼津兵学校に着任した。内田正雄や伊東方成《ほうせい》は静岡藩に所属することなく明治新政府に出仕した。その他、海軍の榎本武揚《たけあき》・沢太郎左衛門が脱走・抗戦を続けたことは周知の事実である。オランダ留学生の進路は、静岡藩の内外、そして藩内の各地・各部署にバラけたといえる。

イギリス留学生一四人の内、中村正直・外山正一《とやままさかず》・杉徳次郎・岩佐敬重の四人が静岡学問所教授に就任し、比較的まとまった形で集まった。その代わり、沼津兵学校教授に赴任した者はいない。なお、先述の菊池大麓を加えれば、イギリス留学生出身の静岡学問所教授は五人となる。

フランス留学生一一人からは、パリで徳川昭武《あきたけ》の乗馬や語学学習の相手を務めていた小出有秀と神原操が静岡学問所教授に就任した。いずれも十代の若者である。沼津兵学校には山

幕府イギリス留学生（『外山正一先生小伝』より）
前列中央が中村正直、後列右端が外山正一、左端が岩佐敬重、中村の左の外国人の前が菊池大麓

内勝明・熊谷直孝が教授に就いている。小出・神原とも留学前は横浜語学所で学んでいた。静岡学問所のフランス語担当教授としては、ほかに田中弘義・織田信義・田中旭・成島謙吉・益頭《ましず》尚志・竹村本五郎も横浜語学所の生徒だった人々である。彼らは現地に留学したわけではないが、フランス人教官から全寮制で本格的な教育を受けた存在であり、小出・神原らに劣らない実力を備えていたであろう。従って、外国語の意味のみを重視した「変則」ではなく、発音も正確に教える「正則」による教育が行われたようである（今野喜和人「資料紹介　平山成信『明治戊辰の回顧』―静岡学問所仏語出身者の証言―」）。

ロシア留学生六人は、静岡学問所にも沼津兵学校にも関係しなかった。学問所にロシア語科が新設されることはなかったのである。

幕府瓦解のニュースを聞いて慌てて帰国したイギリス留学生とフランス留学生は、彼の地での成果をストレートに静岡へ持ち込むことになったといえる反面、そもそも留学期間が短かったため、期待された語学教師としての実力も決して十分ではなかったと思われる。しかし、中村正直や外山正一らの実力者が含まれていたのも事実である。また、海外での生活は大きな経験になったはずである。学問所教授陣の中には、留学経験者以外にも向山黄村・河田熙《ひろむ》・杉浦譲・三田葆光《さんだかねみつ》・名村元度・宮崎立元ら、遣外使節に加わっての海外体験者もいた。具体的に彼らが英学・仏学学習のあり方にどのような革新をもたらしたのか、あるいはもたらさなかったのかはわからないが、生徒はもとより、留学未経験の他の教授たちに対しても小さからぬ刺激を与えたものと推測される。それはやがて新たな国内遊学、海外留学の希望者を生み出すことにつながる。

ドイツ学

静岡学問所の洋学部門には、英語・フランス語・オランダ語、当時の用語に従えば「英学」「仏学」「蘭学」に加え、「独乙学」があった。ドイツ語である。すでに幕府の蕃書調所では文久二年（一八六二）に独逸学の専攻が独立していたので、それを継承した形になるが、幕府時代のすべてがリストラされた静岡藩において、まだ需要が少ないドイツ語や需要が減っている蘭学については除外してしまう可能性もあったはずである。しかし、静岡学問所ではドイツ語コースをきちんと位置づけた。プロシアがヨーロッパの強国であり、医学をはじめとする学問諸分野において先進国であるとの情報を的確につかんでいたからであろう。

静岡学問所のドイツ語担当として判明しているのは、近藤鎮三・松波升次郎・石川成三・吉見義次・中川忠明のみである。沼津兵学校に転じた杉亨二もドイツ語担当だったという。また、伴野乙弥・石川清・津江虚舟といった名前を独乙学教授として挙げる文献もあるが、その典拠は不明である（「静岡学校の沿革」『同方会誌』第四五号）。いずれにせよ英仏語の担当に比べると格段に少ない。ドイツ語を研究した元開成所教授職並加藤弘之は、大目付・勘定頭として静岡藩の名簿に名前を載せたが、すぐに新政府に出仕したため移住することはなく、ましてや学問所で教えることもなかった。

とはいえ、生徒が書き残した履歴書には、「三等教授松波升次郎ニ就キ独乙学ヲ修ム、明治四年四月ニ至ル所修ノ書目四書及独乙階梯」（幸田政方）、「同四年辛未二月ヨリ同五年壬中八月迄二ケ年間静岡県洋学校ニ於テ独乙学修業」（横地雋吉郎）、「明治四辛未年十月より同五壬申年二月迄都合五ケ月静岡県貫属士族中川忠明方江転学独逸学研究」（中島尚友）、「同四未年七月同校於而独逸学修業」（斎藤重威）などと記されている例があり、間違いなく静岡の地でドイツ語が教えられた事実を示している。横地は福岡藩からの留学生であり、静岡での修学科目としてあえてドイツ語を選んだのであろう。『日本教育史資料』によれば、ドイツ語を学んだ生徒数は八〇人とされており、フランス語の五〇人よりも多かった。

吉見義次が「藩立学校独逸医学世話心得取締」に任命されたのは廃藩後の明治四年九月のことであるが、静岡学問所や静岡病院ではすでにドイツ医学の必要性が十分に認識されていたのであろう。戸塚文海は明治五年（一八七二）一月三日付書簡に「医師モ不遠内孛漏生より雇入之積り也」（『幕末維新風雲通信』）と記しており、静岡病院ではドイツ人医師を招聘する計画があったようだ。

独乙学専攻でその後もその分野で足跡を残した人材は近藤鎮三《やすぞう》である。彼は新政府に出仕した後、理事官・文部大丞田中不二麿の随行員として岩倉使節団に加わり、明治五年から七年（一八七四）までドイツ公使館に勤務することになったほか、明治十年（一八七七）『教育雑誌』第三十五号にプロシアの女子教育論を翻訳紹介したり、十四年（一八八一）創立の独逸学協会の会員になるなど、ドイツ語とのかかわりの中で仕事を続けた。近藤については、上村直己『明治期ドイツ語学者の研究』が詳しい。

科学技術部門の欠落

語学の研究・教育機関として発足した幕府の開成所には、後に科学技術部門というべき担当が置かれるようになった。画学局、化学局、活字方、器械方、物産学といった部署である。しかし、維新後それらは静岡学問所には移されなかったといえる。

唯一、「活字器械」（活版印刷機）については、最初駿府に運ばれ、榊綽《ゆたか》（令輔）らによって学問所で活用されることが意図されたようであるが、明治元年十一月時点では新政府への献上が決定された（『静岡県史　資料編16近現代一』）。しかし実際には沼津に移され、兵学校の方で使用されることになったらしい。そのスタンホープ印刷機によって「沼津版」と呼ばれる英語・フランス語教科書が刊行されることになる。活版印刷機の専門家であった榊も学問所から兵学校に異動した。

画学については、箱館戦争に参加、降伏後に静岡藩に引き渡された岩橋教章（新吾）が明治三年五月「静岡学校附属絵図方」に任命されたという事実があるので、学問所に絵図方が置かれた可能性がある。しかし、岩橋は翌六月には早くも新政府に出仕しており、静岡では何ら足跡を残していない。

また、移住予定者名簿「駿河表召連候家来姓名」には、開成所画学出役をつとめた前田又四郎が洋学教師として記載されていたが、彼は実際には移住しなかったのではないかと思われる。開成所画学絵図調出役《しゅつやく》として油絵や写真を研究した中島仰山《こうざん》（鍬次郎）は静岡に移住し、徳川慶喜付の二等家従《かじゅう》になっているものの、学問所に奉職することはなかった。

一方、沼津兵学校には化学方、絵図方、火工方、地方《じかた》測量局などが置かれ、川上冬崖・桂川甫策ら、主として開成所時代の担当者がそれに配属された。旧陸軍局ばかりか開成所の科学技術部門についても、その継承者は沼津兵学校の方だったといえよう。

漢学者たちの葛藤

宮原寿三郎は明治二年（一八六九）七月二十四日付書簡に、「三分漢学二分ハ洋五分之吏務」と記しており、学問所での本務は漢学担当とされているものの、実際には全仕事に占める比率の二割は洋学を教え、五割は事務的な仕事であるとする。中村正直も漢学の担任であったが、宮原以上に英学の比重が高かったであろう。そもそも漢学は洋学学習の前提となっており、洋学に関心の高い漢学者もいたし、漢学の造詣深い洋学者もおり、両者は決して乖離するものではなかった。当時、明治新政府の中では、学制の主導権をめぐり、漢学派と国学派、洋学派が三つ巴の抗争を繰り広げていたが、静岡藩においては、静岡学問所校内で二つ、もしくは三つの勢力が派手に争ったというのは当たらない。

ただし、その後、漢学者と洋学者との間に反目が生まれなかったとは言い切れない。廃藩後、明治五年頃のことであろう、中村正直は勝海舟に宛てた書簡中で、学科としての漢学を廃止したり、「彼の老輩」（漢学者たち）を押さえ付けたりすることはあえてしないが、欠員が生じた時には補充せず、自然に衰えていくに任せたいといった趣旨のことを述べている（『勝海舟全集　別巻2』）。その頃には何らかの衝突が生じていたと考えられる。

大森鐘一《しょういち》は、静岡学問所で洋学を学ぶ傍《かたわ》ら私塾で漢学の学習を続けていたところ、先輩・学友たちからは洋学に専念するよう忠告されたという（『大森鐘一』）。洋学書生の中には、漢学を時代後れと軽侮する風潮があったのであり、またそれが跳ね返って漢学者側の反発を招いたともいえる。

少し先のことになるが、誇り高い漢学者たちの中には、廃藩後、学制による小学校が誕生する際に再び葛藤が生じたようである。漢学を取り上げられて、アイウエオなどから教えなければならないというのは、馬鹿馬鹿しく、新しい教育方針に失望落胆したのである。「論語、史記を覚ゆるよりも日常入用の語類、地理、算術、作文等を覚ゆるが好い、さうせねば世の中に立ちて独立する事は出来ぬ」と、時勢の変化を達観した浦野鋭翁のような者もいたが、儒者の多くは新制の小学校教育を軽侮して教師を辞めていったという（『平賀敏君伝』）。

漢詩サークル

しかし、静岡学問所をめぐる漢学者については、別の印象もある。杉浦譲の静岡時代の日記からは、黄村（向山）、貫堂（河田熙）、敬宇（中村正直）、菱港（小田切綱一郎）、毅軒（望月万一郎）、柳荘（河田羆《たけし》）、水石（宮崎立元）、随軒（芹沢潜か）、蓼川（大島文か）、支山（土岐元一郎か）、梅南（藤沢次謙《つぐよし》）、郁堂（山高信離《のぶあきら》）らと臨済寺などを会場にたびたび詩会を開いていたことがわかる。楽しげなサークルの存在は、和気あいあいのイメージを与える。

静岡学問所の教授たちのうち、昌平黌学問吟味及第《きゅうだい》の同期を示せば以下のようになる。弘化五年乙科向山黄村・小田切綱一郎、嘉永六年乙科中坊広胖《なかのぼうひろなお》・浦野鋭翁・芹沢潜・江連堯《えづれたか》

杉浦譲　パリにて撮影
（人見寧則氏所蔵）

則《のり》・中村正直・杉浦赤城、安政三年乙科新見史雄・木平譲、安政六年甲科長信順・乙科滝川清三郎・三浦一郎・若泉次郎、文久二年乙科深井譲・長滝庄蔵、元治二年甲科安間潔・乙科岡田深蔵・中山教之助（「昌平学科名録」）。昌平黌は漢学の最高学府であり、学問吟味は幕臣としての出世の登竜門であった。静岡学問所教授の多くがその出身であったのは当然である。古くからの学友である彼らは、同好の士でもあり、静岡に住むようになってからも公務の合間に集まり、詩文を楽しんだのである。

先のことになるが、静岡での詩文の集まりは、晩翠吟社という、明治十一年（一八七八）東京で結成された結社につながっていく。同社は、明治政府に仕えることなく隠棲生活を送った向山黄村が中心となり、杉浦梅潭《ばいたん》（誠）・河田貫堂（熙）・山口泉處（直亮）らがこれを補佐、いわば旧幕臣が中核を成した漢詩サークルであり、詩壇に大きな勢力を誇り、二十年代に盛況を迎えた。漢詩人の活動を振り返った場合も、静岡時代は江戸と明治をつなぐ位置にあった（坂口筑母「旧官学派系明治初期の漢詩人たち」）。

和学

学問分野の大きな分け方によれば、洋学・漢学と並び、和学（国学）の存在も見落とせない。静岡学問所には、和学担当の教授が任命され、皇学局とか皇朝学科と呼ばれる部門が置かれた。印刷・配布された藩の役職者名簿である『静岡御役人附』（明治三年刊）には、和学の三等教授として三田葆光《さんだかねみつ》がただ一人載っているが、廃藩後の明治四年（一八七一）十一月時点の資料ではほかに四等教授葉若清足、五等教授藤井真寿《まほぎ》、山本忠政らがいたとされる（『静岡県教育史　通史篇上』）。三田が教授に任命された時期は明確でないが、少なくとも二年九月頃までは相良奉行支配調役を務めていたようなので、和学科（皇学局）が設置されたのはそれ以後であろう。

神道による国民思想の統一、国家意識の高揚を目的とした、三年（一八七〇）一月の大教《だいきょう》宣布《せんぷ》を受け、六月には林惟純《これずみ》（三郎）、翌年四月には奥村孚《まこと》が静岡藩の宣教掛に任命されている。二人とも漢学者であり、新政府が押し進めていた神道国教化政策に同調して過激な廃《はい》仏毀釈《ぶつきしゃく》を実行するようなことはなく、藩としては決して積極的姿勢はとらなかったものと思

三田葆光　パリ万博派遣時にフランスにて（三田佳平氏所蔵）

わる。それに対する和学者たちの態度も穏当なものだったろう。

和学御用取扱として藩主家達の教育を担当した中坊広胖（陽之助）は、慶応元年（一八六五）十一月和学所御用専務となった経歴をもつ（『日本教育史資料』第七巻）。和学講談所（和学所）は、寛政五年（一七九三）国学者塙《はなわ》保己一《ほきいち》の主唱で幕府によって設立された国典の研究・教育機関であり、「群書類従」などの編纂を行ったが、維新後、その機能とスタッフの一部は新政府の史料編輯国史校正局（現在の東京大学史料編纂所）に引き継がれた。保己一の孫塙忠韶はすでに慶応四年八月新政府に召し出され、大学や外務省に出仕しており（三上昭美「明治4年外務省職員履歴書1」『中央大学文学部紀要』第一五〇号）、静岡には移住していなかった。中坊は静岡で私塾も開いたようであり、藤枝の浅沼謙次郎という人物は皇学・歌学を学んでいる（『静岡県現住者人物一覧』、明治三十二年）。

ちなみに、中坊は林又三郎とは従兄弟の間柄であり、鳥居燿蔵《ようぞう》の娘婿でもあった。また、先に名前が出た葉若清足は、鳥居の姪（弟の娘）の夫であり、中坊とは妻同士が従姉妹という間柄となる。静岡藩の和学者たちは、儒学の総本山林家《りんけ》の姻戚に包含されていたことになり、漢学者の勢力に対しその独立性は低かったと想像される。

沼津兵学校頭取西周は、明治三年に執筆した「文武学校基本并規則書」の中で「源勢語之類は堅ク禁シ可申、又小学ニ而は歌学をも禁可申」（『西周全集』第二巻）と述べており、生徒が「浮花ニ流」れることになるという理由で、源氏物語・伊勢物語や和歌については小学校教育からは排除すべきであるとした。一方、同三年七月以降に改定された「静岡藩小学校掟書」では、生徒が学ぶべき学科には「皇朝雑史類」として古事談・続古事談・十訓抄・保元平治物語等々が挙げられており、それまでなかった日本の古典学習が盛り込まれた。この「掟書」改定の背後に和学者の圧力が働いたのか否かは不明であるが、洋学者が主流を占めた静岡藩の学校においても常識的な範囲で日本固有の文化を学ぶことは当然とされたのである。西とともにオランダへ留学した同志である津田真道は、平田篤胤の没後門人になった前歴を有しており、国学的素養についても単に排除すればよいとは考えていなかったはずである。

御事蹟調

旧幕時代、林大学頭《だいがくのかみ》の傘下には御実紀調出役《ごじっきしらべしゅつやく》が置かれ、幕府の正史である「徳川実紀」の編纂にあたっていた。幕府瓦解後、慶応四年（一八六八）七月頃には林又三郎ら学問所御用の下に御事蹟調役・同勤方が配置され、徳川家の歴史編纂機能を維持すべく十月末からは駿府に移動した。その役に任命されたのは、松平劭吉、細田猪之助、黒部釟輔、萩原文平（文右衛門）、木村蒙（幸三）、芳賀録三（録之助）、中島錠蔵、森川富之助、江目芳太郎、服部源助らであった。十一月中旬には資料を駿府へ運搬し、役々は学問所に付属することとなった。

翌明治二年九月十五日、静岡藩は御事蹟調役を廃止し、元学問所和学御用取扱中坊陽（広胖）、一等勤番組新見史雄（郁三郎）の二人を御住居御雇《おやとい》御事蹟重立《おもだち》取調に任命したほか、先の役々のうち萩原・江目・芳賀の三人を御住居御雇御事蹟取調に任じ、家令に所属させ、その局を浅間前御住居邸内に置いた。十二月二十一日には二等勤番組堀田雄次郎が御事蹟調当分手伝に追加任命されている。

しかし、三年（一八七〇）十月二十七日、御事蹟調役は廃止となり、その奉職者は御住居御雇を免じられ、代わって学校附属御旧記調を命じられた（『続徳川実紀』第五篇）。徳川家の家史編纂が中止されたわけではなく、その担当者を「御住居」つまり徳川家の私的な役職にしておくことが見直され、静岡学問所の所管に移したということであろう。徳川家は江戸にあった昌平黌や和学講談所を新政府へ移管して駿河に移ったのであるが、歴史編纂事業を拋棄したわけではなく、細々ながらも静岡の地でその仕事を続けたのである。

なお、御事蹟調役として名前を掲げたうち、中坊・新見・木村は静岡学問所の教授を務めた人物でもあった。

数学

数学は科学の基礎であり、当然ながら幕末維新期の洋学教育の中でも重視されていた。西洋の数学、洋算の導入は長崎海軍伝習所におけるオランダ人軍人による指導から開始され、そこで学んだ旧幕府海軍の人材は、榎本武揚艦隊に加わり脱走した者を除けば、静岡藩では沼津兵学校の教授に就任していた。沼津兵学校での数学教育の先進性が全国的に鳴り響いた背景である。沼津兵学校からは教授のみならず生徒の方からも、明治の数学教育界で活躍する者が輩出した。

では、一方の静岡学問所では数学は教えられたのだろうか。その答えは明確である。文部省編『日本教育史資料』（明治二十三年刊）には、静岡学問所の生徒人数の内訳は、漢学が一二〇〇人、皇学が五五人、洋学が二五〇人（英学一〇〇人、仏学五〇人、蘭学二〇人、独乙学八〇人）、数学が六〇人とされており、数学を学ぶ生徒が存在したことがはっきりしているのである。同じ文献によれば、静岡小学校の方の内訳は、漢学が五一〇人、洋学が一一〇人（英学六〇人・仏学五〇人）、数学が一五〇人となっている。

明治四年（一八七一）夏、静岡を訪れた三人のイギリス人が、学問所を表敬訪問し校長に聞いたところによれば、「ここでは英語、フランス語、数学を教えている」とのことだった（ヒュー・コータッチ「外国人が見た江戸・明治の静岡⑧」『静岡新聞』一九八七年九月二十四日夕刊）。数学が教えられていたことは間違いない。幕府の開成所には神田孝平が中心となって数学局が置かれていた事実もあり、静岡学問所にそれが受け継がれたとしても何ら不思議ではない。

ただし、不可解なことに、名簿に記載された学問所教授の陣容を見ても、数学担当と記された者は一人もいない。大森鐘一の回想では、仏学教師の場合、フランス語での教育の一環として数学も原書で教えたという。では、数学専門の教師はいなかったのだろうか。

生徒であった伴徳政は、四年三月に数学教授方に採用されたという履歴が判明しており、間違いなく静岡学問所には数学専門の教師が存在したことを裏付けている。履歴書の原文を示せば、「明治三年一月ヨリ明治四年一月マテ一ケ年間静岡県学校ニ於テ数学物理学化学研究ス　同四年三月右学校数学教授方命ラル」となっており、数学のみならず物理学・化学も静岡学問所で学んだとされる。物理・化学については専任教師がいたはずはないので、たぶん英仏学の一環でその分野にも授業が及んだということであろう。

　数学については、伴徳政の別の履歴書に「明治二年一月ヨリ静岡県士族桜井捨吉ニ従ヒ同四年十二月迄数学研究」とあるほか、「静岡学校数学教師桜井捨吉従ヒ明治四年四月ヨリ同五年二月マテ同方ニテ修業」（田口思順履歴書）、「明治三庚午年十月ヨリ同五壬申年六月迄静岡県学校教授方桜井捨吉方ニ而修学」（榛沢昆正履歴書）、「同三年八月静岡学校四等教員桜井當道田沢昌永同五等教員中村惟昌エ入学筆算天体学積分迄卒業」（武井頼功履歴書）などといった教え子の履歴が知られるので、桜井當道（捨吉）以下の数学教師が存在したことも疑う余地がない。桜井は、幕府海軍の軍艦役見習《みならい》三等から脱走艦隊に乗り組み箱館戦争に参加した前歴を持ち、後に海軍兵学校の教官になった人物である。

　桜井とともに名前が出てきた田沢昌永は、明治六年（一八七三）に山本正至との共編で、

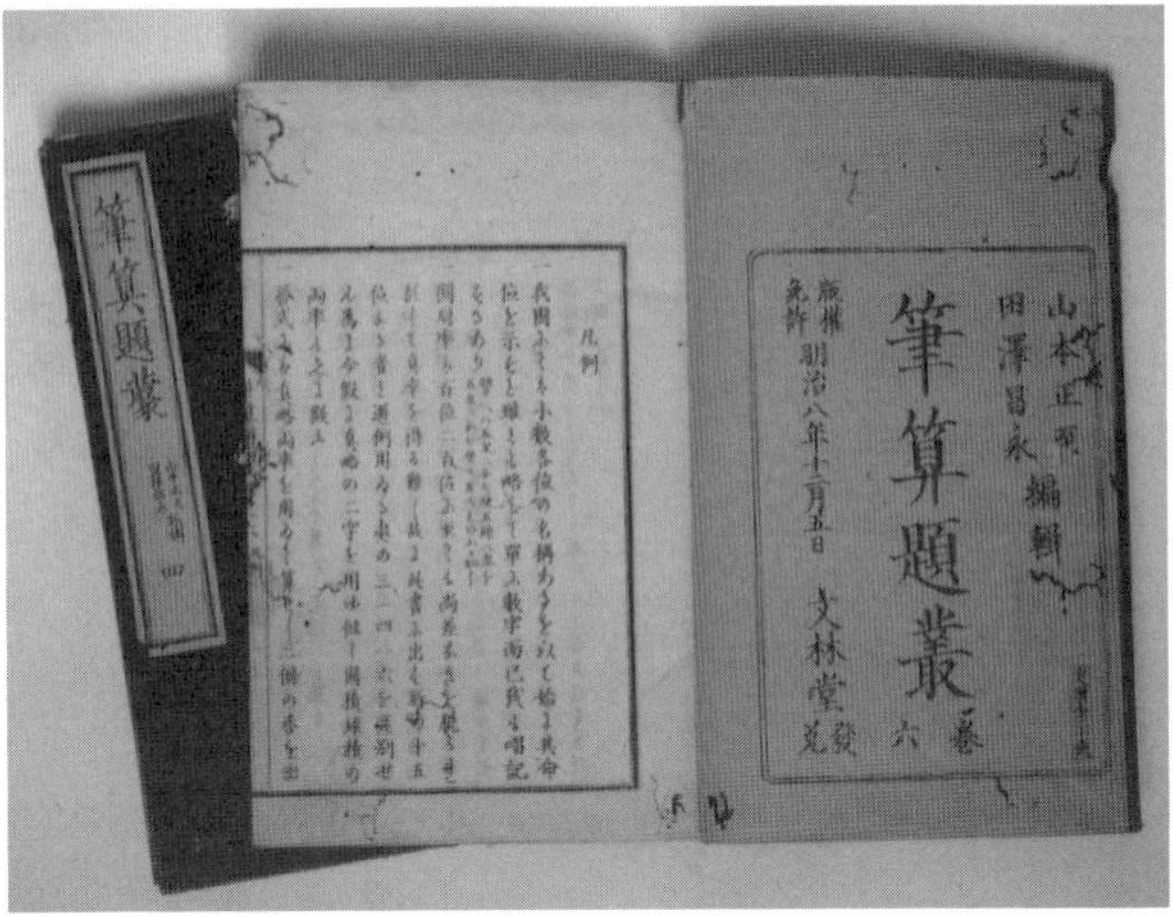

山本正至・田沢昌永編『筆算題叢』
（沼津市明治史料館所蔵）

静岡算学社中撰として『筆算題叢』を刊行した。同書は、沼津兵学校で刊行された『筆算訓蒙』（明治二年）の影響を受けながらも、英米の数学書を融合させ、問題数を増やし学習者への細心の配慮を行って、さらなる改良をほどこした洋算書として評価される（山本俊冬「静岡藩小学校における洋算教育の史的考察」『教育学部研究報告　人文・社会科学篇』第三〇号、一九八〇年、静岡大学）。教科書として非常に売れたようで、出版元である静岡の書肆《しょし》広瀬市蔵は、同書によって財を成したという（小川剣三郎「村松晩村先生」）。

　また、学校掛《がかり》矢田堀鴻《こう》の日記に「数学吟味　佐々倉之跡之為ニ手伝并世話心得ヲ吟味ス」（明治四年七月二〇日条）とあるので、佐々倉桐太郎《きりたろう》も学問所の数学を担当していたのかもしれない。佐々倉も幕府海軍士官だった人物であり、明治元年、清水港への設置が計画された海軍学校が立ち消えとなった後、能力の発揮場所がなくなった海軍出身者が数学教師として静岡学問所で教えることになった可能性は十分にある。「佐々倉跡吟味」（八月五日）、「吟味品評相済」（六日）と記事が続くので、矢田堀らによって後任教師の採用試験とその判定が行われたことがわかる。

沼津は別格として、静岡以外の藩内各所の小学校でも、数学教育は重視された。算法一等〜三等教授（浜松）、数学一等〜二等教授（掛川）、算術教授（新居・横須賀）といった教師の存在がそのことを裏付けている（『明治初期静岡県史料』第四巻）。浜松小学所の田中矢徳は、最初は和算教授方であったが、後に洋算教授方並の兼務となり、廃藩後には上京して近藤真琴の攻玉社に入り本格的に数学を修めた（『東京の中等教育』）。掛川聚学所（小学校）の洋算教授並草味義生、同じく教授方並早川義武らも、和算から転向した人だった（東京都公文書館所蔵「教員履歴」）。藩校での教育に従事することが、伝統的な和算から西洋数学へと転じるきっかけになったのである。和算からの転向者は、川北朝鄰のように静岡の本校でも見られた（『川北朝鄰小伝』）。

静岡学問所も沼津兵学校同様、その後の地域における初等・中等教育界に対し数学教師を供給する役割を果たしたといえる。兵学校出身者の実績には及ばないものの、『算術題林』（明治八年刊）を共編で出した竹尾忠男・生島閑のように、東京で数学書を刊行した学問所の元教授たちもいた。

川北朝鄰（『川北朝鄰小伝』より）

3　新しい教育

大学と小学

静岡学問所の名称については、駿河府中（駿府）が静岡と改称される前は府中学問所とされていたし、他に駿府学校・駿府大学校・駿府洋学校・静岡藩学校などと称されたといわれる。出身者の履歴書など、ほぼ同時代の資料に記された例では、「静岡学校」となっている場合が比較的多く目に付く。実際に同校で使用された蔵書印は「駿府学校」「静岡学校」となっている。

「静岡学校」蔵書印　（沼津市明治史料館所蔵 "BERIGT"）

一等教授望月万一郎が韮山にいた弟望月大象に宛てた明治二年（一八六九）十二月四日付書簡（望月家文書）には、「学校も当今者千三百人程之稽古人数罷出申候、行々小学校も取立、静岡之分者大学校ニ相立、寄宿其外御建物も段々出来仕候積」と記されており、「大学校」「小学校」という呼称を使い、学問所改組の予定を述べている。

　また、学校掛をつとめた矢田堀鴻の日記（「矢田堀鴻『公私雑載』―明治四年の静岡藩士日記―」）には、「大学」「小学」「大小学」といった記述が頻出し、設置後も実際に大学、小学と呼び習わされたことがわかる。

　明治十二年（一八七九）に記されたものであるが、静岡学問所で学んだ那須俊秀という生徒の履歴書には、明治二年（一八六九）三月「小学校」に入学し、同年六月に「中学校」に進んだという表現がなされている。その部分をそのまま引用すれば、以下の通りである。「明治一年十月静岡エ移住シ同十二月ヨリ四ケ月間同藩三等教授土岐元一郎ニ就キ修業同二年三月ヨリ小学校ニ入リ同年五月試業二等賞ヲ受ク同年六月ヨリ中学校ニ入リ同四年四月マテ同校ニテ修業同月歴史経書試業賞ヲ受ク」（『東京教育史資料大系』第四巻）。これは、静岡小学校から静岡学問所に進学したことを意味していると考えられるが、静岡学問所を「中学校」と表記する例はあまり知られていない。もう一例を挙げれば、静岡の藩校で数学を教えた幕府海軍出身の山本正至の履歴には、「三年数学を以て小学校教員となる四年中学校教授を命せらる」（『岳陽名士伝』）とある。

　後年の学校制度に照らし合わせるとすれば、学問所は大学ではなく中学校に相当するものであったと那須や山本が判断し、後に自らの履歴を記したのかもしれない。

ところで、実は幕末段階にも幕府は「小学校」を設立しようとしたことがあった。文久三年（一八六三）から翌年にかけてのことであるが、学問所奉行らが江戸府内など数十箇所への小学校設置を計画し、「学政御更張幷小学校御取建御用」の担当者まで任命したのである。しかし、国事多端を理由にこの計画は消滅した（倉沢剛『小学校の歴史 1』）。この時に意図された小学校なるものの実態はよくわからないが、任命された担当者の中には中村正直・望月万一郎・長谷部甚弥ら、後に静岡学問所教授に就任した者がいた。移封後、最初は藩士が集住した各所で自然発生的に生まれた小学所・修業所・学校所・初学所などであるが、明治三年（一八七〇）になると「静岡藩小学校掟書」という統一規則のもとで一元的に運営されることになった。「掟書」は洋学系である沼津兵学校附属小学校を起源とするものであり、幕末に儒者たちが計画した小学校とは全くの別物である可能性も否定できないが、中村たちには、実現できなかったかつての小学校設置計画を静岡藩で実現できたという意識が生じたかもしれない。

傘下の各所小学校

駿河・遠江の静岡藩領内には、東から沼津・沢田・厚原・万野原・小島《おじま》・清水・久能《くのう》・静岡・田中・相良・掛川・横須賀・中泉・浜松・新居・上ノ原の一六カ所に小学校が設けられた。先にも述べた通り、当初は各所でバラバラに設立されたものであり、その名称もまちまちであった。静岡・沼津以外の上級学校がない場所では、大学・小学の区別をする必要がないためだろう、単に「浜松学校」などと称される場合もあった。

遠州中泉（磐田市）では、明治二年（一八六九）六月二十三日西願寺を仮校舎に小学校を開いたのが端緒で、中泉奉行前島密《ひそか》も自ら英学・数学・漢学を教えた。九月には別の場所にあった産業所に移転、翌年八月には中泉寺に再移転、新たに近藤熊太郎が教授方頭取並に就いた。同年十月には掛川勤番組之頭《かしら》支配となり、またまた移転し、四年二月には中泉寺に戻った（『磐田市誌』）。

掛川では、城内の御殿を教場とし、最初は和漢英数の四科と撃剣を教えていたが、三年九月一日からは小学校として再スタートさせ、庶民へも開放し、「掟書」にもとづく学科を教授した（『掛川市史』下巻）。

遠州横須賀の小学校に関しては、木版で印刷された明治三年頃の教授方・生徒らの出勤簿・出席簿が残されている（静岡市所蔵・梅ケ谷久保田家文書）。筆頭に布施譲（金弥）の名があり、静岡本校の五等教授から横須賀勤番組世話役頭取に転勤した彼がトップの地位に就いたことがわかる。また、四と九の日が休みになっていることから、同年九月以前に改定された「静岡藩小学校掟書」の規定通り授業が行われていたことが判明する。改定前の「掟書」では、休みは日曜日とされていた。

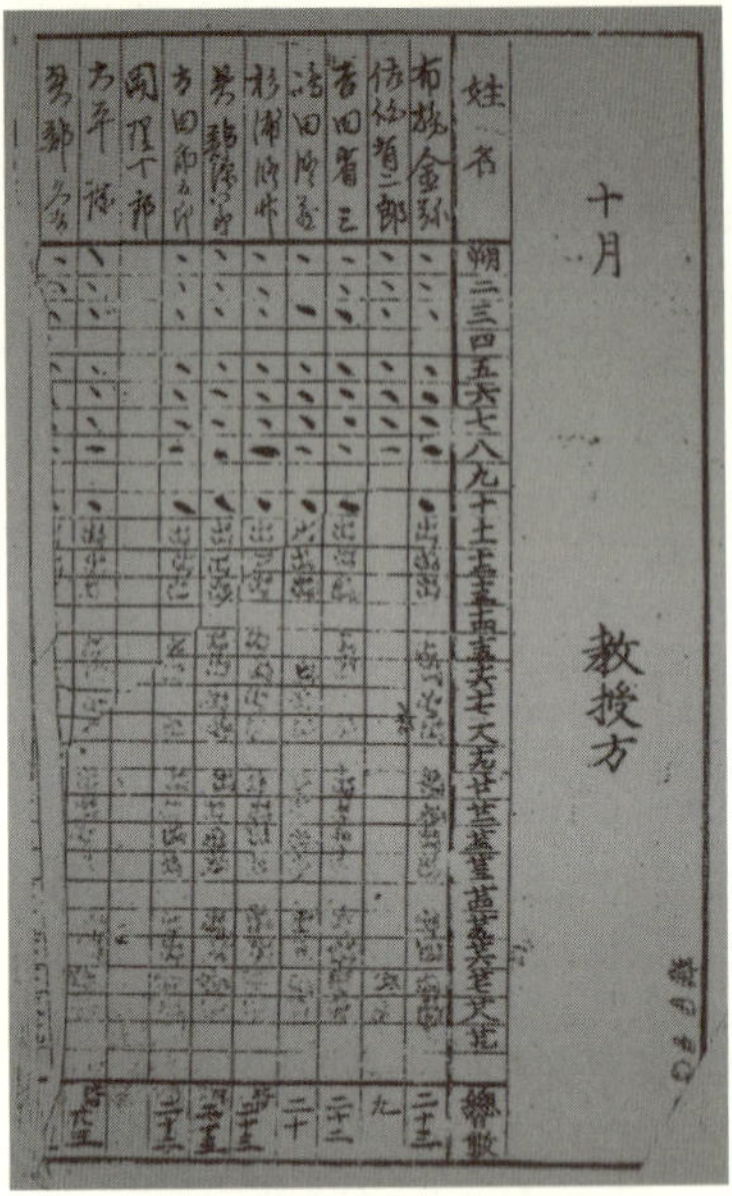

横須賀小学校の出席簿
（静岡市所蔵）

浜松では、明治二年城内本丸に修業所が置かれ、間宮昌らが教師をつとめた。これはもっぱら藩士を対象としたもので、「御家人学問所」とも呼ばれたという。他の地域にはない浜松の特徴としては、浜松郷学校・啓蒙社・雄踏《ゆうとう》郷学校・内野郷学校といった郷《ごう》校《こう》が別に設置されたことである。これらは庶民を対象にした学校であり、明治四年「静岡藩浜松郷学校教員を命せら」(『岳陽名士伝』)れた藤川春龍のように地元平民が教師に採用された一方、藩士も教師に加わっている。浜松郷学校は後に学制にもとづく小学校浜松学校へと発展し、士族の修業所も六年五月にそれに合併した(『浜松市史　三』)。

田中小学校の場合

駿河田中(藤枝市)には沼津と同様、陸軍生育方(元の幕府陸軍兵士)が移住した。明治元年(一八六八)十一月頃には剣術稽古のため「錬武所」が開設されていた。同月二十七日には小筒組の浅野敬一・須田満録・山下才輔の三名が「剣学校世話手伝」を命じられた。

三年(一八七〇)正月二十八日田中勤番組世話役頭取日高為善(圭三郎)は、今回の小学校取建に際し教授方人選のための吟味を実施するので、志願者は来月四日までに申し立てるようにと達した。三月十三日には、先に行われた小学校教授方吟味に病気などの理由で不参だった者は、吟味を担当する出張者が各所を巡回した後、二十日程後に再度当地を訪れるはずなので、その際に吟味を受けるようにとの布達が出されている。つまり、各所での小学校教授採用試験は、静岡の本校から試験官が出張して行ったのである。

吟味の結果であろう、三年七月十日一等勤番組永井三蔵が田中小学校頭取、二等勤番組吉田豊、倉林豊草（隠居）が田中小学校教授方、世話役《せわやく》介原鋳一郎《のすけ》、三等勤番組渡辺梯郎、同小野誠、杉浦銀次郎（当主弟）が田中小学校教授方並に任命された。同時に、新たな場所や規則については未定であり、筆学は当分休みとするが、従来の場所において二十日から漢学稽古を開始するので、これまでのように出席すべしとの達しも出された。剣術・算術も、担当者は正式決定していないが、やはり従来通り稽古を行うとされた。この布達の文面は、田中では実際には三年正月以前から藩士教育が行われてきたことを示しており、この時の変化は「掟書」施行を受けてのものだったことがわかる。

九月十四日、来る十八日から元城内の学校において、朝六ツ半時から九ツ時まで丁日漢学、半日数学、四ツ時から九ツ時まで丁日書学、三八清書という日割・時間割で稽古を始めるとの旨が達せられた。「掟書」と比べると随分簡略化された内容である。

同月、各所勤番組之頭・同並たちは藩庁に対し、藩士が養子を取る場合には学校（静岡・沼津本校のことであろう）での芸術・人物の吟味を経た上でなければならないとの布達が六月に出されているが、今後は自分たちが支配する小学校で吟味を行うことにしてもよいかどうかと伺い出て、その方針は認可された。

十一月下旬、調所脇に建設中だった「教授所」が来る十二月一日に新規開業するので、これまで生徒だった者はもちろん、新たに入学を希望する者も短冊二枚に肩書・氏名を記載し、玄関に集まるように。当日は四ツ時までに集合、平服で弁当持参には及ばないこと、講義も行われるので本を持参すること、武術は翌二日昼九ツ時までに稽古道具を持参して集まることと達せられた。新しい校舎が建ったのである。

以上の経過は、田中移住の勤番組番士佐久間氏によって記録された「静岡藩御達留」一・二（東京大学史料編纂所所蔵）に基づいて記述した。田中小学校は、廃藩後の五年（一八七二）四月には新築移転、六年（一八七三）二月には学制にもとづく公立小学養成舎として生まれ変わった（『藤枝市史』下巻）。

寄宿寮

静岡藩では学事に関し、富士川以東は沼津兵学校、以西は静岡学問所が管轄するとの定めを取り決めたという。明治三年（一八七〇）正月の布達では、学事については学校掛たる向山黄村・河田煕・西周の三人が取り扱うとされた。ただし、強力な学校本部がある静岡・沼津を除き、各所においては実際には勤番組之頭が従来通り支配することとされたため（八月）、生活困窮者が多い無役《むやく》の勤番組だけで学校を維持・経営していくのは難しく、教育費として一戸につき玄米五升ずつを支給してくれるよう頭《かしら》たちは藩庁に願い出た。その願書が提出されたのは同年九月、許可が下りたのは翌月であった（『静岡県史　資料編16近現代一』）。

上級学校たる学問所・兵学校と各所小学校との間では人事面での交流が行われた。たとえば、三年二月静岡学問所二等教授名村元度は小島小学校頭取に転じた。なお、その際、「同所英学教授并新聞紙翻訳をも兼可相勤候」（『静岡県史　資料編16近現代一』）という辞令が出されているのは興味深い。静岡学問所では、生徒の教育だけでなく、英字新聞の翻訳なども行っていたことがわかるからである。旧幕府の開成所時代とは違い、静岡学問所では基本的に研究機能は失われたと思われるが、教育以外の業務も多少は残されていたのである。小島初学所では、三年十一月、「静岡藩小学校掟書」を簡略化した独自の掟書《おきてがき》を制定している。各勤番組では他所の学校の視察も行ったらしく、小島勤番組之頭林又三郎は、四年（一八七一）三月三日から二十六日まで「各所の文武校」、四月五日から八日まで「沼津の文武校」の巡視に赴いたという記録がある（『鳥居甲斐晩年日録』）。

また、通学できない遠隔地である各所小学校から静岡学問所に進学する者を受け入れる施設として静岡には寄宿寮が設置された。三等教授浦野鋭翁は明治三年十月に寄宿寮取締に任命されている。遠州など各所小学校からの転入例をあげれば、「掛川学校」（小学校）の生徒であった柳世弥吉が、三年一月（十月の間違いか）に静岡学校寄宿寮に入っている。柳世は、沼津兵学校資業生になった柳世友生の弟であり、兄弟がそれぞれ沼津・静岡の上級学校進学を目指したのである。

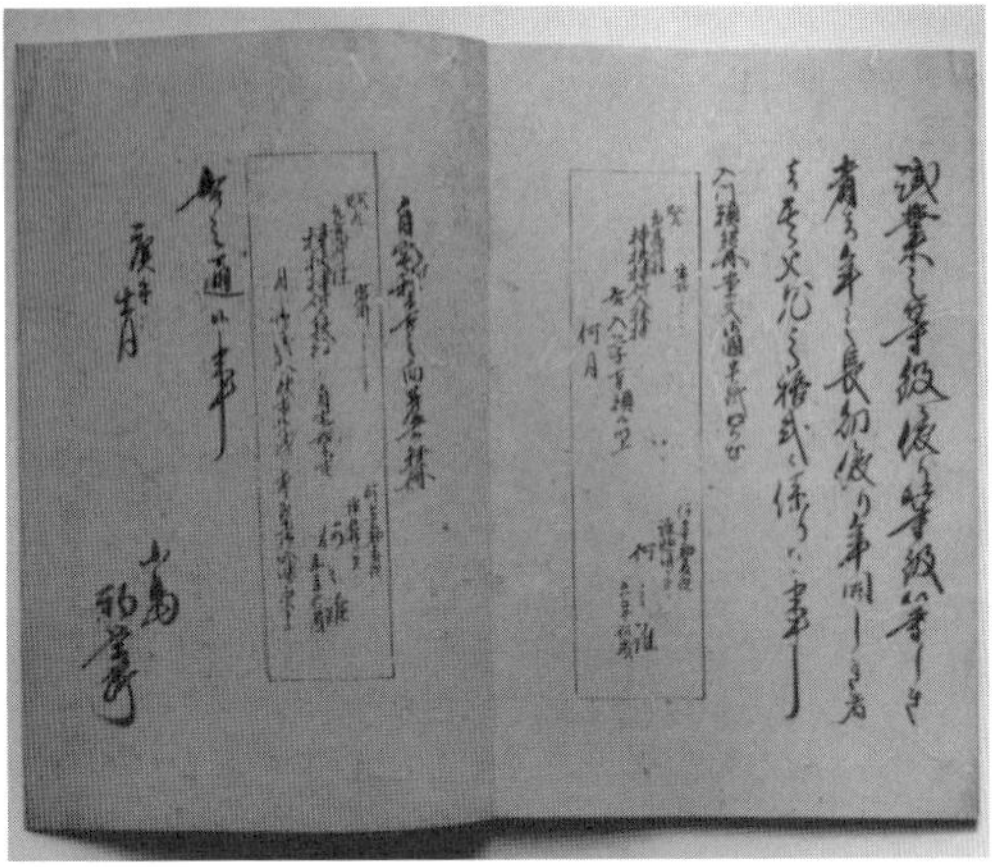

「小島初学所掟書」明治３年11月
（沼津市明治史料館所蔵）

　向山黄村は四年（一八七一）二月二十二日付書簡で「学校寄宿、小学所等出来小児等大ニ勉強致し居候」（『杉浦譲全集』第四巻）と記しており、新しい校舎の新築とともに、制度面においても寄宿寮や小学校という新しいしくみが整ったことで生徒たちの勉学意欲が盛り上がっている様子を伝えている。

藩主徳川家達の教育

幼年組の中には六歳の幼い藩主徳川家達も入っていたとされる。主として向山黄村・河田熙がその教授にあたり、手跡《しゅせき》は木村市左衛門、和学は中坊広胖《なかのぼうひろなお》が担当した（『静岡市史』第二巻）。洋学は外山正一・乙骨太郎乙《おつこつたろうおつ》が指導した（辻達也「明治維新後の徳川宗家―徳川家達の境遇―」）。家達は、明治二年（一八六九）七月二十五日から政務のため駿府城内の「用談所」に入ることになったが、もっぱら「御稽古事」をしなければならない年齢でもあるため、政務従事は二日置きにすると布達した（『久能山叢書』第五編）。三年（一八七〇）沼津兵学校調馬方から静岡学問所五等教授に転じた伊藤隼は、家達の乗馬稽古の「御相手」を務めた。伊藤は横浜語学所および幕府騎兵の出身者だったので、フランス語とともに西洋乗馬術にも通じていたのである。学問所とは無関係

明治２年７歳のときの徳川家達
（梅藤寺次郎長資料室所蔵）

であるが、浅利又七郎・中条景昭《ちゅうじょうかげあき》・大草高重《おおくさたかしげ》ら「御剣術御師範」「御剣術御相手」も任命されており、中条・大草の「隊中のもの」や家達の近臣たちも稽古相手を務めた。こうして幼主に対する文武教授の体制が整えられていったのであり、学問所の存在もそれに一役買ったわけである。

明治四年（一八七一）二月二十二日付の向山黄村から杉浦譲宛書簡には、「不相替六才ニハ小学所へ御出学候事ニ御座候」（『杉浦譲全集』第四巻）とあり、実際に家達が静岡小学校（学問所幼年組）で学んでいたことが裏付けられる。

廃藩後は、場所を東京に変えながらも旧主の教育は旧臣たちによって続けられた。家達は、上京した後は河田煕・乙骨太郎乙らの家塾や中村正直の同人社に通学した（徳川記念財団『家康・吉宗・家達―転換期の徳川家―』）。五年（一八七二）一月頃、東京戸山の元静岡藩邸内の長屋で乙骨太郎乙と同居していた元沼津兵学校資業生田口卯吉は、乙骨が他出の際には「御代けひこ」をしたという（『木村熊二・鐙子往復書簡』所収・五年一月十日付書簡）。すなわち、家達は同じ邸内ということもあり、手軽に乙骨のもとに日々通学しており、乙骨が不在の時には田口が代理稽古をつとめたというのである。

家達は、やがてイギリスへ留学するが、河田煕はそれにも同行した。一方、向山黄村は後年、河田に宛てた書簡の中で「私事最初静岡於て三位公御素読教授被命候節も不及末長く御教導上万分一をも尽し可申ト窃ニ喜罷在候処時勢一変致し東京え御再任被為在一時失望仕候」（私は静岡で家達公の素読教授を命じられ、末永く教育に尽すつもりで喜んでいたが、時勢が一変し東京へ移転したこともあり、失望した）と記している（坂口筑母『稿本向山黄村伝』）。彼は、幼主家達の教育に情熱を注いだが、廃藩置県によりそれが中断されたことに失望したという。静岡から東京、イギリスへと長く主の側近くで傅育《ふいく》にあたった河田が羨ましかったのであろう。家達は徳川家の希望の星であり、その教育に携わることは家臣だった者にとって最高の名誉であった。

学校の財政

藩校は藩にとっては人材育成を担う大切な機関であり、それなりの財政的な手当てがなされたはずである。明治二年（一八六九）末と推定される静岡藩の予算概表によれば、「学問所」として金一二〇〇〇両（米高では一五〇〇石）が計上されている。比較のため挙げれば、「兵学校一式御入用」は一七五四両、「病院」（静岡病院）は一八〇〇両、「沼津病院」は一八〇〇両などとなっている（『静岡県史　資料編16近現代一』）。生徒数はずっと多かった静岡学問所であるが、それにかかる経費は沼津兵学校や病院よりもやや少なかったようだ。

ただ、明治二年六月現在の学問所職員の職種別の俸金額とそれぞれの人数とを集計すると四〇〇〇両を超えるので、この一二〇〇両という数字には人件費は含まれていない。俸金は、二年末の予算表では「役々俸金御手当」が一六万一九二八両余とあるものの、藩全体での総額が掲げられているだけで、部署毎の内訳はわからない。

明治二年には藩主の家計の中から一万両という大金が学校への差加金として支出されている（飯島千秋『江戸幕府財政の研究』）。これは、学問所の維持・経営のため、藩費とは別に藩主のポケットマネーの中から基金に充てられたものではないかと推測される。明治三年六月には、かねてより行っていた知事から学校への「五分一の内」の出金は藩費に組み入れるとの布達が出されている（『久能山叢書　第五編』）。藩主家達自らが入学している事実もあり、藩と藩主が学校を特に重視した姿勢を示している。

廃藩後に故事取調を依頼された元学問所教授望月万一郎が、「三位様より学校江被下置残金利足」（家達公から学校に下賜された残金の利息）の内から手当を支給されたという事実があるので（明治六年十月十六日付望月書簡）、徳川家から学問所に支出された基金はその後もしばらく運用されていたらしい。同様の資金は沼津兵学校の方にもあり、廃藩後は沼津病院の存続や岳東軒という商社の経営に運用されている。

また以下のような、廃藩後の時点で調査・報告された数値も知られる。「静岡学校一歳費用」として、国学・漢学・洋学・算術の四学費用が二〇〇〇両ほど、集学所の費用が三〇〇〇両ほど、学校・集学所教職員の俸給が一万四五九二両ほど、各所小学校費用が四三九両二分と米八四石ほど、各所小学校教職員の俸給が二九一六両ほど、教育関係費補填のための知事家禄支出が九〇〇〇両、お雇い教師クラークに対する費用が一万両、クラークの給料が銀三六〇〇ドル、合計約四万一九四七両二分と三六〇〇ドル・米八四石とされているのがそれである。知事家禄からの補助金は、学校そのものに対するほか、寄宿所・東京留学・各種賞与などの支出にあてられたらしく（『明治初期静岡県史料』第四巻）、先に紹介した明治二年時点での史料を裏付けしている。

生徒になった庶民たち

生徒出身者の伝記や回想には、「学問所は元来徳川家が藩士の為に設立したもの故、勿論無月謝で藩士のみ入学が出来平民は一人も居りません」（『平賀敏君伝』）、「学費は無料、入れるのは武士階級だけでした」（『サムライボーイ物語―佐藤顕理伝―』）といった記述がある。しかし、生徒に平民が一人もいなかったというのは誤りである。静岡学問所は、明治元年（一八六八）九月の開校布告において「有志之者ハ身分之貴賤ニ限らす」（有志の者は身分の貴賤にかかわらず）と、同年十一月の洋学教授開始に際しては「武家社家出家百姓町人并其子弟厄介召仕等ニ至る迄」（武士・神官・僧侶・百姓・町人とその子弟・厄介・召使いに至るまで）入学せよと宣言しており、当初から庶民への開放をうたっていた。明治三年発布の「静岡藩小学校掟書」でも「最寄在方町方有志之者」（もよりの町や村の有志）の通学を許容することが明文化されていた。平民の生徒がいなかったという誤解が生じた原因には、実際には全生徒に占める庶民の比率が極めて低かったことがあるのではないかと想像される。

数少ない平民生徒の具体例を挙げれば、以下の人々である。

佐倉信武は遠江国榛原郡佐倉村（御前崎市）の平民で、明治三年三月「静岡藩校」に入り、また三田葆光《さんだかねみつ》に皇学、望月万一郎に漢籍を学んだ。彼は相良勤番組之頭上田閑江と謀り、明治四年三月私財を投じて佐倉村に学校を設立したという。たぶん静岡学問所で学んだ学問を基に村人たちを啓蒙しようとしたのであろう。その後も佐倉は、中村正直が東京で開いた私塾同人社に学んだり、明治法律学校に入るなど勉学を続ける一方、地元の戸長や静岡女学校校主を務めるなど、地域の教育や行政に力を尽くした（『岳陽名士伝』）。

天野廉（『静岡県茶業史』より）

天野廉は島田町（島田市）の平民で、向山黄村の塾に入ったほか、「静岡藩学」でも経書を学んだ。そして、小学校訓導を務めた後、県会議員や島田町長などを歴任し、地域の名望家となった（『岳陽名士伝』）。娘遊佐《ゆさ》を静岡女学校（現静岡英和女学院）の第一期生にするなど、進歩的な考えの持ち主だったらしい。

野田洪哉《こうさい》は、伊豆国田方郡修善寺村（伊豆市）の平民で、静岡病院医師戸塚文海に師事する傍《かたわ》ら、「藩校に通学し洋学を」修めた（『静岡県現住者人物一覧』）。海軍軍医を務めた後、故郷で開業した。

駿府在住幕臣のために設立されたものの安政七年（一八六〇）町方在方の者の入学も認めた明新館、領民の入学を許した元治元年（一八六四）開校の沼津藩の藩校明親館、掛川藩の藩校造徳書院に学んだ豪農岡田良一郎の事例にみるごとく、それ以前に存在した幕府学問所や駿遠諸藩の藩校でも庶民に対する開放はある程度進んでいた。果たして静岡藩がその度合いを実態としてどれだけ高めたのかどうかは検討の余地がある。もう少し藩体制が続いていたとしたら、身分を超越した教育による領内の活性化が顕在化したかもしれないが、それは空想になってしまう。

女子教育

沼津兵学校附属小学校では明治三年（一八七〇）以降、男子とは別棟の教室が設けられ、女子が入学できるようになったとされ、「女生徒教員」も任命されたとされる。ただし、現在のところ、原資料による裏付けは見つかっておらず、その実態は不明である。

「静岡藩小学校掟書」を見る限り、生徒について男子・女子の規定はないが、前提はあくまで男子だけを対象としたものであろう。静岡小学校をはじめ、藩内各所の小学校で女子を受け入れたという事実は知られていない。

静岡県士族大前重臣の妻初という女性（明治十年当時二十四歳）は、二年（一八六九）三月から五年五月までの期間、宮崎立元に従学し歴史・経書を学んだという（『東京教育史資料大系』第三巻）。少なくとも静岡学問所教授の中には、自宅の私塾において女子の門人を受け入れた事実があったことになる。ちなみに、大前初は、立元の弟曽谷言成にも師事したほか、宮崎駿児（立元の子で静岡学問所生徒出身者）が明治十年（一八七七）東京に開設した女学校という名の私塾に、元静岡学問所教授大島文（文次郎）とともに教師として参加している。宮崎駿児には「我耳東氏女子教育論」（明治十三年）という翻訳草稿もあり、女子教育に深い関心を寄せていたことがわかる。ただし、それが静岡学問所時代に溯《さかのぼ》るものであったのかどうかはわからない。

夫熊二《くまじ》をアメリカ留学に送り出した木村鐙子《とうこ》は、五年（一八七二）一月十日付熊二宛書簡で、津田梅子ら女子留学生が渡米した情報に接し、「私なとハもはやおひぼれとか申中間ニ相成、くやしく月日を送りまいらせ候」と、取り残された者の寂しさを訴えた。同年七月二十九日付書簡には、「東京なとハ女学所専らニ行ハれ大そうけいこ（稽古）人も御座候由（中略）、当地ニは女学校も出来不申候」（東京などでは女学所がたくさんでき、生徒も多くいるとのこと、それに対し静岡には女学校はつくられていない）（『木村熊二・鐙子往復書簡』）と記し、女子の教育機関がない静岡の遅れを嘆いた。身近には、横浜のミッションスクールに遊学した中村正直の妻子や英学を学ぶため上京した外山正一家の女性たちなどがおり、その刺激を受け、鐙子自身も新しい学問を学んでみたいという強い欲求にかられていたのである。

木村鐙子の手紙を見る限り、やはり静岡小学校に女子生徒は存在しなかったといえそうである。静岡学問所の周辺に彼女のような先覚的な女性が生まれていたのは事実であるが、静岡藩がその受け皿を用意することはなかったのである。

4　全国への影響

他藩からの留学生

静岡藩が静岡や沼津に極めて整備された学校を設け、旧幕府の人材を活かして先進的な教育を行っていることは、他藩にも知れ渡った。明治二年（一八六九）十月以降、福井藩が沼津兵学校に十数人の藩士を大挙送り込んだように、諸藩の中には静岡藩へ留学生を送り出すところもあった。他藩からの留学生については、以下のような事例が知られる。

弘前藩では、明治三年十一月から翌年五月にかけ一三人の藩士を静岡藩に遊学させた（坂井達朗「幕末・明治初年の弘前藩と慶応義塾」『近代日本研究』第一〇巻）。うち間宮求馬・武藤雄五郎の二人は明治二年段階で慶応義塾に入塾していたが、さらにふさわしい勉強先を求めて静岡まで足を延ばしたのであろう。二人は静岡での学習用の書籍代として三六両を支給されたほか、遠方のため万が一の際の「不時金」として多額の金銭を預けられ静岡へ出発した。弘前藩では同時期、大学南校・大学東校や慶応義塾をはじめとする東京の私塾へ留学生を送り出しているが、藩として派遣先となったのは他に鹿児島藩があるだけだった。静岡は他藩にとって留学のメッカだった。

勝海舟の日記、明治二年十二月十四日条には「柳川の書生一両人、静岡学校へ入り候事、頼み申し聞る」、三年九月二十八日条には「肥後藩、静岡へ留学いたし度き旨申し聞る」とある。四年正月十四日条の欄外には「福岡藩石田新六郎、安川敬一郎」と記されている。矢田堀鴻《こう》の日記には、「西条藩士薦田乙也江寄宿入之事申遣ス」（西条藩士薦田乙也に寄宿寮に入るよう申し伝えた）（四年五月二日条）という記述がみられ、他藩士が寄宿寮に入ったことがわかる。北からだけでなく、西南の諸藩からも続々と留学生がやって来た様子がうかがわれる。

安川敬一郎　明治２年
（『撫松余韻』より）

安川敬一郎は、後に炭鉱経営で成功した実業家として知られる福岡藩士であり、その伝記によれば明治三年十月石田篤磨とともに藩費での静岡留学を命じられ、静岡学問所一等教授望月万一郎宅に住み込んだ。さらに勝海舟の勧告により洋学を志し、翌四年（一八七一）初春からは一等教授の英学者乙骨太郎乙のもとに通学し、五月下旬に上京するまで静岡で勉学に励んだ（『撫松余韻』）。石田新六郎（篤麿と同一人物か）の方は、四年七月九日に海舟のもとを暇乞いに訪れており（海舟日記）、それまで静岡に滞在していたと思われる。安川は東京では慶応義塾に入っている。

安川については、望月・乙骨ら静岡学問所の教授に師事したというだけで、静岡学問所自体に入学したのかどうかはわからない。同じように、学問所に入るというよりも教授たちが自宅で開いていた私塾・家塾で学んだ者が少なくなかったと思われる。先に紹介した、西条藩士薦田乙也は寄宿所に入ったというので学問所生徒になったことは間違いないが、弘前藩士たちの場合は、静岡藩に遊学したというだけで、学問所入学の有無については確認できない者が多い。唯一、「静岡ニ移リ同藩学校ニ於テ修業ス」と履歴書に明記されているのは藤田潜である。彼は、四年一月より、後述する静岡藩から派遣された御貸人《おかしびと》島田豊に弘前の敬応学舎で英学を学んだが、六月には静岡へ遊学し、十二月に帰藩するまで学問所に在学した（『東京の中等教育』）。任期切れで帰藩した島田を追うような形で静岡に来たのであろう。

旧桑名藩出身の松平定敏という青年は、明治五年（一八七二）正月から九月まで静岡の望月綱（万一郎）のもとで漢学を学び、九月から翌年五月までは「同所学校」で英学を修業した（東京都公文書館所蔵「教員履歴留」）。「同所学校」が静岡学問所（伝習所）のことを意味しているのは間違いない。廃藩後も他県からの留学生が来ていたのである。

静岡留学の費用

阪谷《さかたに》朗廬《ろうろ》は、招聘《しょうへい》されていた先の広島藩で同藩士の静岡遊学を意図したのであろう。相談を受けた宮原寿三郎は、明治三年七月十八日付阪谷宛書簡の中で、「教授ニ而も出来可申ものハ中村敬太郎敬輔事、望月万一郎両人而已ニ御座候」（教授で有能なのは、中村敬太郎と望月万一郎の二人だけである）と記し、わざわざ遠方から笈《きゅう》を負って学びに来るほどの学者は中村・望月の二人くらいしかいないと謙遜している。また、寄宿所が建てられることになっているので、それに入ってもよいし、寄宿所が完成するまでは「拙塾」に寓していてもよいとする。ただし、前年七月の書簡にも「素読生七名寄宿罷在候」と記していたように、すでに宮原は自宅に寄宿書生を置いていたが、この時点では「拾五人計ニテ一杯と相成狭隘ニ困リ申候」（一五人ほどで一杯になってしまい狭くて困る）という状態であるとも述べている。望月万一郎塾には五、六人の塾生がいるが、家族にトラブルを抱えているためあまり推薦はできず、中村正直は「書生ハ断ルト申居」ると、他の家塾の状況も知らせる。

宮原塾の修業料は、同じく塾を開いている同僚二、三人とも申し合わせ、一日白米五合、一カ月金一両一分の雑費、油・炭は自分賄《まかな》いと決めている。当国の米価は、五合につき金二四朱ほどなので一カ月約三両一分、一カ年約四〇両と見積もれる。もっとも書籍等の経費は別に考慮しなければならないが、余分な金銭を持たせることは学生のためにならず、先頃入塾した「忍藩之者（地代官之類・豪富之由）」は親元から一カ月二五両を仕送りされていたが、「花街惑溺」の結果、退学し帰国していったという事例があるとも書き加えている。静岡の町にも学生を誘惑する花街が栄えており、注意しなければならないとされたのである。その後、実際に広島藩から静岡に来学した者があったのかどうかは確認できないが、阪谷は宮原が示した数字を十分に参考にしたことであろう。

沼津兵学校に留学した福井藩士の場合、藩から月一〇両ほどを支給されており、静岡への留学と比較できる。

西郷隆盛の「敬天愛人」

他に学問所に入学したことが確認できるのは、明治二年（一八六九）十一月鹿児島藩から来学した、種子田清一（種田清左衛門）・最上五郎の例である。二人は大久保一翁《いちおう》邸内の一室に下宿し静岡学問所に通学した。大久保の勝海舟宛十二月三日付書簡に「種田、最上両氏、読書勉励方は感心に候。右に付、拙宅人之積、学問所へも為出候」（種田・最上の二人は読書に勉励し感心である。従って私の家の者のつもりで学問所へ通わせている）とあることから明らかである。大久保は、「都下習風更に無之」（都会の風習は全くなく）、「其志も慥哉」（その志も確かなり）と、都会風に汚されたところがない純朴さを評価し、学問に対する高い志を持った二人を愛すべき好青年であると歓迎した。

彼らは翌年十一月頃まで静岡に滞在したようである。しかし、静岡藩内には幕府に敵対した薩摩人に対し抜き差し難い反感が残っていたらしく、同じ書簡で大久保は、「学問所之若年輩、敵国之人と口々に申候由」と勝に伝え、馬鹿者が多いのには困る、向山黄村にもよくよく注意を促したと言っている（『勝海舟全集別巻　来簡と資料』）。学問所の若い生徒たちの中にも、鹿児島からの留学生を敵視する者が少なくなかったのである。

西郷隆盛が自己修養の哲学とした座右の銘であり、揮毫《きごう》のための字句としてもよく使用したのが「敬天愛人」である。「道は天地自然の物にして、人は之を行ふものなれば、天を敬するを目的とす。天は人も我も同一に愛し給ふゆゑ、我を愛する心を以て人を愛する也」（『西郷南洲遺訓』）というのが、その意味とされる。

中村正直 幕府留学生時代にロンドンにて（個人蔵）

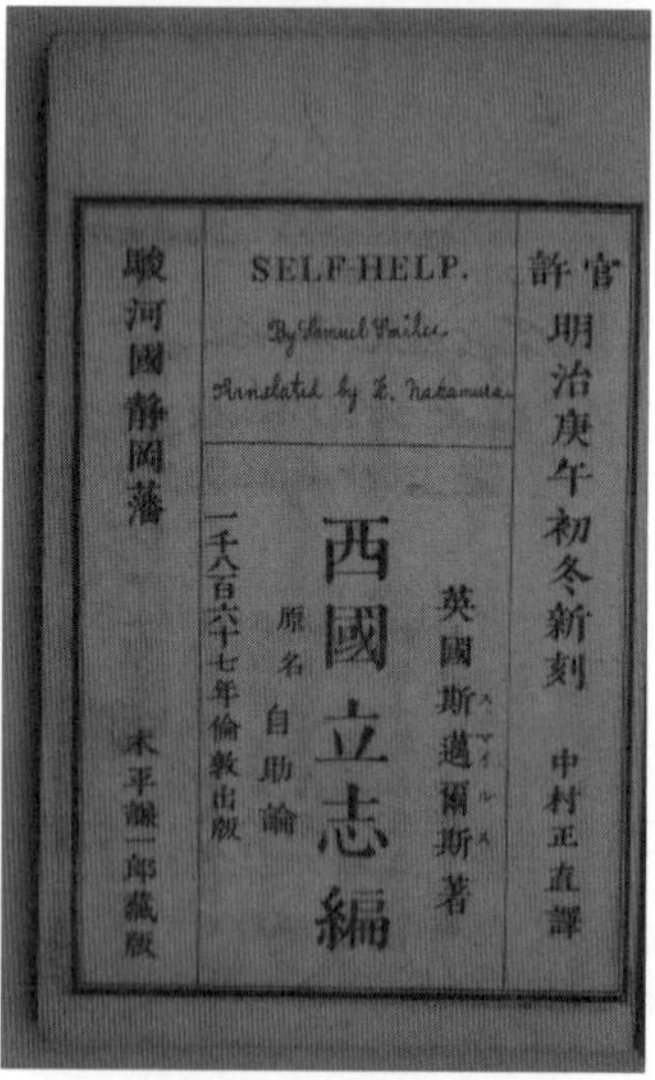
官許
明治庚午初冬新刻
中村正直譯
SELF HELP.
By Samuel Smiles.
Translated by M. Nakamura.
英國斯邁爾斯《スマイルス》著
西國立志編
原名 自助論
一千八百六十七年倫敦出版
駿河國静岡藩
木平謙一郎藏版

『西国立志編』の扉
（沼津市明治史料館所蔵）

しかし、「敬天愛人」は西郷のオリジナルではない。実は静岡学問所時代に中村正直が作った言葉であった。もともと「敬天」と「愛人」は中国の古典にある語句であったが、明治元年冬、両者をつなげて「敬天愛人説」という独自の一文を草したのは中村であった。さらに中村は、イギリス留学時に入手したスマイルス著「自助論」の翻訳に取り組む過程で、聖書、つまりキリスト教に関する研究なども踏まえ、「敬天愛人」の考え方を深めていった。

「自助論」の翻訳作業は明治三年（一八七〇）十一月頃に完成し、十二月からは『西国立志編』として刊行されたが、同書の緒論には「敬天愛人」の語が使われていた。

中村は三年十二月頃には大久保一翁に「敬天愛人論」を見せ、その考え方について意見交換を行っていた。大久保は、「敬天愛人」を楷書・行書に認め、楷書のほうは知藩事徳川家達に献上し、行書は中村に贈った。大久保方に下宿していた鹿児島藩士最上五郎は、中村の草稿を書き写し薩摩に持ち帰ったらしい。そしてそれが西郷に伝わったと考えられるのである。また西郷には刊行された『西国立志編』を読む機会もあったはずである。（沢田鈴蔵・増村宏「中村正直の敬天愛人」『鹿大史学』第一九号）。

四年（一八七一）二月二十三日には、新政府に出仕し東京にいた杉浦譲の手元にも、大久保一翁書「敬天愛人之字」「従三位公使正直答之説其文」が中村から届けられており（『杉浦譲全集』第三巻）、敬天愛人の思想が広まっていく様子がうかがえる。

「敬天愛人」を西郷へ橋渡しした静岡学問所留学生最上五郎〔弘化二年（一八四五）生まれ、明治四十五年（一九一二）五月十八日没〕は、四年種子田清一とともに開拓使からアメリカ留学に派遣され農学を学び、後に外務省官吏となった人である。

国内遊学

静岡学問所が他藩の留学先になったことは先に述べた。しかし、遊学は一方通行ではなかった。静岡藩士が藩外へ留学することもあったのである。学問の内容や教育の方法は日々進歩していくものであり、静岡で教鞭をとる教師にも自己研鑽の必要があった。沼津兵学校から転任し静岡学問所一等教授になっていた乙骨《おつこつ》太郎乙《たろうおつ》は、明治四年（一八七一）、「旧見を墨守いたし居り候ては因循之域ニ陥り終ニ誤謬を伝へ」（古い見解を墨守していると因循に陥り誤ったことを教えてしまう）てしまうことになると、「一ケ年程東京へ御暇下し置かれ候様」と大学南校か外国人教師の元での研修を願い出ている。同年六月から一〇〇日間という条件で上京を許された乙骨は、築地に通って、たぶん外国人に就いて英語の研修を行ったらしい（『木村熊二・鐙子往復書簡』所収・四年九月十五日付書簡）。

生徒の中からも静岡ではなく東京や横浜での修業を望む者が現れた。父親《ちかし》（三八《さんぱち》）が教授を務める静岡学問所で学んでいた杉山孫六は、明治四年五月慶応義塾に入塾した。同年七月には宮崎駿児が慶応義塾に入っている。宮崎も父立元が学問所教授を務め、自身もその生徒であった。

十七歳の成島謙吉は明治三年（一八七〇）三月、東京・横浜での仏学修行を願い出て許され、遊学を命じられた。それまで務めていた仏学担当の教授世話心得は免じられた。名誉なことに、遊学に先立ち、知藩事徳川家達の面前で学資手当二〇円を下賜されたという。成島は五月に大学南校に入りフランス人教師プウセーについたが、その後、築地居留地の外国人宅に寓居し、フランス人マッセーと交換教授を行った。さらに同年十二月には横浜に転居、静岡藩や外務省の許可を得て、カトリック神父サロモンに学んだ（『石上露子研究』第二輯）。養父である成島柳北《りゅうほく》は、静岡に移住することもなく、維新後は公職に就くこともなく在野で生き続けたが、家督を継いだ謙吉の方は新時代にふさわしい知識人として自己に磨きをかけたのである。

さらに例を挙げれば、学問所でフランス語を学んでいた平山成信《しげのぶ》は、三年春、大学南校への藩費生として選抜され上京したが、長田銈太郎の勧めにより横浜に行き、直接フランス人についた（『駿州学友会雑誌』第三号）。四年（一八七一）七月頃には、実兄の仏学担当・静岡学問所教授世話心得竹村本五郎とともに横浜で宣教師ジラールに師事していたことがわかっているので、先のフランス人とはジラールのことであろう。

五等教授大森鐘一は、フランス人に本場の語学を学びたいと思い、名古屋学校に藩費留学し、仏人教師ムーリエーに就学した（『大森鐘一』）。ただし、それは明治五年（一八七二）

春のことであり、正確には藩費生とは言えない。県が成立して間もない当時、事実上、藩政時代の手続きがそのまま継続していたのだろう。その後、名古屋での修業に満足できなかった大森は、静岡学問所の先輩田中弘義を頼り上京することになる。

三年、四年、五年と段々に遊学熱が高まっていったのは間違いないようだ。旧幕臣や江戸詰だった諸藩の武士たちの退去により一時さびれていた東京であったが、この頃になると次第にかつての盛況を取り戻しつつあった。その様子は静岡にも伝えられていたのである。

三年九月、静岡藩では、藩外への遊学者についてその成果を検査すべく、静岡にて「業前吟味」を行うと布告した。つまり遊学の成果を審査するために定期試験を実施することにしたのである。さらに遊学者のみならず、東京・横浜などで指南を行う者、つまり私塾を開いている者もその対象とされた（『久能山叢書』第五編）。共立学舎を開いた尺振八《せきしんぱち》、蘭疇舎《らんちゅうしゃ》を開いた松本順など、静岡藩籍を持ちながら藩内には居住せず、東京で私塾を経営している者が存在したのである。藩当局では、学事に従事する彼らの能力を計り、藩内の学校教員と同様に人事管理を行おうとしたと考えられる。

集学所

他藩からやって来た留学生は、自藩に帰った後、今度はそれぞれの藩校で教える立場になったり、静岡藩で学んだ学校制度を取り入れるといった役割を演じた。具体的に言えば、沼津兵学校附属小学校を原型とした静岡藩の全藩的小学校制度である「静岡藩小学校掟書」が鹿児島・徳島・福井といった諸藩で参考にされ、新しい学校制度が整備されたのである。

逆に他藩に遊学した静岡藩士がその藩から影響を受け、それを静岡に持ち帰った事例もあった。明治三年（一八七〇）六月鹿児島藩に赴いた人見寧《ひとみやすし》（勝太郎）が、帰藩後、翌四年三月静岡在大谷《おおや》村に設立した集学所がその成果である。人見は、かつての敵国薩摩で接した純朴で質実剛健な士道に感動し、それに倣《なら》ったサムライの育成を静岡の地で実現しようとしたのである。

人見寧（人見寧則氏所蔵）

人見やその同志である藤沼牧夫につ

いては、「当時の高等壮士であった」（黒川正「静岡時代の回顧」）と見なされるが、確かにその前歴からいっても人見は学者・教育者ではなく、志士であり、武人であった。その人見らが設立した集学所は、学科として漢学・英学・仏学・数学と武術を標榜していたが、政治色をもった学校であり、洋学系・漢学系を含め、いわゆる学者たちがつくった静岡学問所などとは全く趣を異にする、極めて特異な教育機関であった。明治四年七月、わざわざ浜松から静岡へ転居し集学所に入学したものの、「大概撃剣場ニシテ、文事ノ人ナク、読書切磋ノ所ニ非ラス」（『旗本三嶋政養日記』）と、その実態に失望し退学した藩士もあった。集学所には、政府顚覆《てんぷく》を企て刑死することになる米沢藩士雲井龍雄が来遊したほか、「坂本龍馬を斬った男」として知られる元見廻組の今井信郎《のぶお》も参加したという。今井の息子によれば、信郎は藩学校の旧寄宿舎の払い下げを受けて、「英漢数及農業実習」の授業のほか、「兵式体操実弾射撃」なども行ったというが（『明治戊辰梁田戦蹟史』）、たぶんそれは集学所のことを言っているのであろう。

集学所では、元沼津兵学校・静岡学問所教授らの翻訳による『代数学』（明治五年四月）、『画図普仏戦争日誌』（六年二月）といった書籍を刊行してもいる。火災による移転などもあり、五年五月頃には「瓦解」「半瓦解」（「志村貞廉日記」）状態になったものの、その後しば

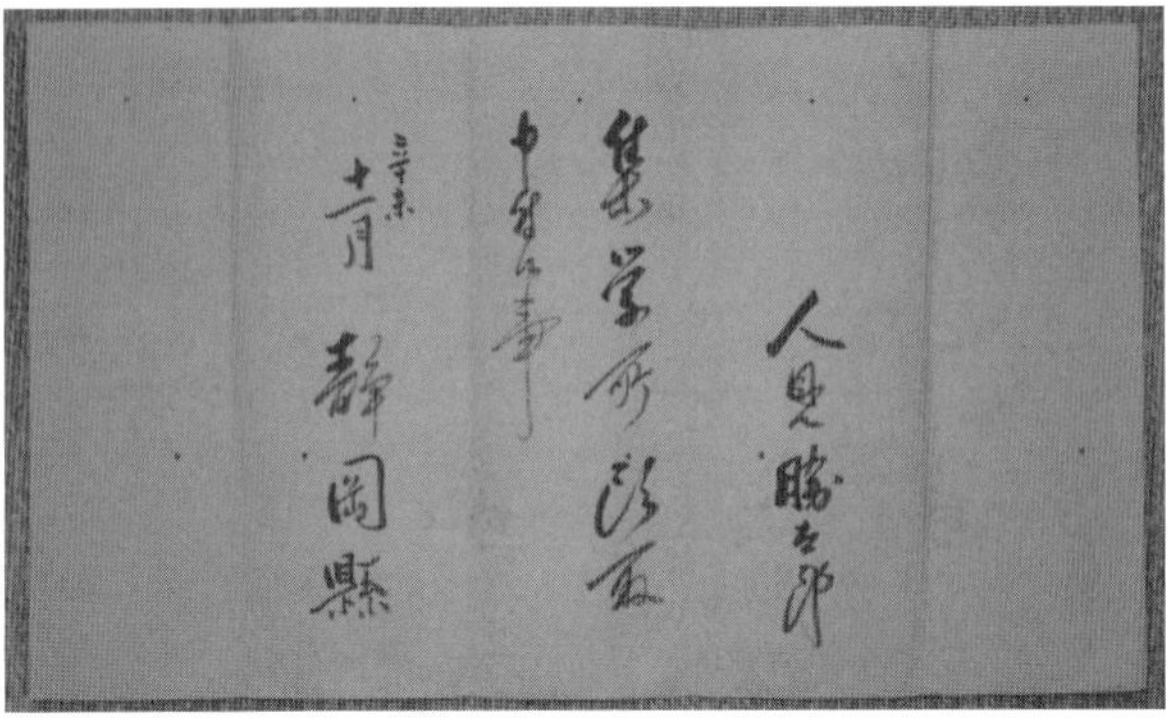

明治４年11月人見寧の集学所頭取辞令（人見寧則氏所蔵）

『画図普仏戦争日誌』（沼津市明治史料館所蔵）

らく持ちこたえた。しかし、結局、八年（一八七五）人見が上京する頃までには消滅したらしい。

後述するごとく、皮肉なことに、廃藩後、静岡学問所や伝習所の維持・継承に責任者として携わることになったのは人見や藤沼たちであった。

大学南校への進学者

藩外での勉学を希望する者にとっては、他藩の学校や東京・横浜の私塾以外に、もっと好条件の遊学先があった。新政府が設立した教育機関である。

当時、明治新政府も東京や京都・大阪に教育機関を新設し、中央政権としての人材育成策を実施していた。中でも幕府の開成所を引き継いだ東京の大学南校《なんこう》や大学東校《とうこう》は洋学教育機関としては最高学府に相当するものであった。新政府は諸藩に対し人数を割り当て、貢進生《こうしんせい》という名の生徒を差し出させた。軍の学校についても同様であり、静岡藩では、大阪の陸軍兵学寮には沼津兵学校の生徒から選抜した貢進生を派遣している。

明治四年（一八七一）一月二十二日時点で大学南校には全国諸藩から集められた三一〇人の貢進生がいたが、静岡藩からは木城直・飯田需・小倉政吉の三人の藩士が送られていた

（『東京帝国大学五十年史　上』）。飯田は病気のため、同年四月晦日上京した河田烝《すすむ》に代わった。このうち、静岡学問所の教授から選ばれたのは木城直である。彼は三年（一八七〇）八月に貢進生を命じられたが、年齢はまだ十七歳、英学担当教授世話心得であった。木城の母花野《はなの》（由子）は、賊徒呼ばわりされた彰義隊を讃える文と和歌を勝海舟に突き付けた反骨の女流歌人として知られる。木城を含め三人がどのような人選の結果によるものであるのかは不明であるが、藩内で予備選考を行い、若くて将来性のある優秀な人材を選び出したものと推測される。

貢進生ではないが、十八歳の少年教師目《め》賀《が》田《た》種《たね》太郎《たろう》の場合、明治三年二月に以下のように辞令をもらい、東京へと送り出された。

五等教授
目賀田種太郎

東京南校へ修行として被差遣為御手当月々金六両宛被下候依之教授方被成御免候
右之通昨十五日綾雄殿被申渡候此段申渡
二月十六日
目賀田種太郎江

目賀田種太郎
（『男爵目賀田種太郎』より）

この辞令から、当然ながら教授職は免職となったこと、月六両の手当が支給されたことがわかる。ほかに東京までの旅費や荷物運搬のための人足賃なども下されたほか、「従三位様」すなわち知藩事徳川家達からは書籍購入料二〇両が下賜《かし》された。目賀田と同時に同じ五等教授田村初太郎も大学南校へ派遣されており、ともに四月二日に入学している。二人は東京小川町にあった静岡藩邸内の長屋に同居し、通学したようである（『男爵目賀田種太郎』）。

倉沢剛著『幕末教育史の研究　三』は、『明治初期静岡県史料』第四巻掲載の「東京修行人」一覧に依拠したのであろう、大学南校に入学した静岡藩出身者には、他に成島謙吉（三年五月入学）、小宮山弘道（三年八月入学）、益頭尚志（三年入学）、竹尾忠男、石川成三、池田忠一、田中旭、竹村本五郎、大森鐘一、杉山孫六、宮崎駿児、中島雄、織田均、河田烝、今井太郎、柴田利邦、依田安三郎、大岡斧太郎、太田忠二郎、藤田一郎、関口銓三郎らがいたとする。しかし、東京での修行人がすべて大学南校入学者であったわけではない。大森と池田については大学南校に入学した事実がないことは明らかであり、他の人物についても私塾などで学んでいた者がかなり含まれると思われる。

海外留学生

自分の知識・技能により一層の磨きをかけるため、遊学先は東京・横浜からさらに広がった。海外である。洋行は、学問に対する志ある若者にとってすでに何がなんでも実現したい夢であった。幕末段階ですでに海外留学を経験したことのある同僚や教師が身近に存在した、静岡学問所で教え学ぶ者たちも、そのような流行には敏感に反応した。

十八歳で英語担当・教授世話心得を務めていた名倉納は、明治四年（一八七一）三月川村清雄・小野弥一・竹村謹吾《きんご》・浅野辰夫・大久保三郎・林糾四郎らとともにアメリカへ派遣され、フィラデルフィア大学で医学を学び、明治十三年（一八八〇）に帰国した（『幕末明治海外渡航者総覧』第二巻）。明治七年（一八七四）時点でワシントン在勤の五等書記生、九年（一八七六）にはサンフランシスコ在勤の副領事・二等書記生を務めていたが、帰国後は医師になった。納は静岡病院三等医師名倉知彰（弥五郎）の子である。知彰は江戸で名高い

田村初太郎（菊池三男氏所蔵）

整骨医であり、元治元年（一八六四）当時に「悴《せがれ》はまだ八歳ですが、これも成長したら米国に出し、西洋流の医者にするつもりです」と語っていたというが（石黒忠悳『懐旧九十年』）、この倅こそ名倉納のことであろう。

　三等教授田村初太郎は、大学南校の生徒に転じた直後、三年五月、所持していた雑品を売って得た一〇〇両を持ち横浜を出航、アメリカへ向かった。渡航に際しては三等教授岩佐敬重と横浜の「薬師屋松蔵」が協力したという。この松蔵とは、幕末にアメリカへ密航した静岡在小鹿《おしか》村出身の出島松造（昭和三年四月五日八十七歳没）のことかもしれない。出立は急なことであり、南校へは事後の届け出で済ませたという。アメリカでは苦学を続けたが、五年（一八七二）勝海舟の周旋により「脱走ノ罪」を許され、官費留学生に加えてもらうことができた。帰国は十一年（一八七八）のことであった。彼は教育者、クリスチャンとして主に関西で活躍することになった（『神に仕えたサムライたち』）。

　一等教授外山正一は新政府の外務省に入って弁務少記となり、三年十二月アメリカに赴任する少弁務使森有礼《もりありのり》の部下として随行、渡米した。学校御書籍取締出役・藩政補翼附属であった木村熊二は、その外山に同行する形で同役の大儀見元一郎《おおぎみもといちろう》とともに渡米した。外山は在米中に外務省を辞し、留学生に身分を切り替え、ミシガン大学を卒業した。帰国後は貴族院議員、東京帝国大学総長、文部大臣などを歴任し、静岡学問所出身者としては最高の栄達を果たす。一方、木村・大儀見は、アメリカでキリスト教に入信し、牧師となって帰国することになる。

仏学担当の二等教授長田銈太郎は、全国一三の大藩から選抜された欧米視察団に参加した

外山正一 1871年アメリカにて
（『外山正一先生小伝』より）

長田銈太郎 明治元年（個人蔵）

少参事江原素六・権少参事相原安次郎に同行し、四年四月に渡航した。渡欧中に外務省に出仕、七年（一八七四）に帰国し、その後は宮内省や内務省の官僚として足跡を残した。「西洋と接触しながら、その新思想とはまったく無縁である点が、藩閥政府には珍重すべき価値を持ったに違いない」（中村光夫『贋の偶像』）と、明治政府の中でうまく泳いだ旧幕臣として評される。

かつての同僚が次々に欧米へ旅立っていくのを見て焦りを感じたのであろう、横浜で学んでいた成島謙吉も四年三月アメリカ留学を願い出たが許可されていない（『石上露子研究』第二輯）。

曽谷言成のイギリス留学日記

静岡学問所五等教授曽谷言成は、三等教授宮崎立元の実弟である。兄弟の父宮崎立敬は幕府医師小野家に生まれた人であり、本草学者として著名な小野蘭山《らんざん》の曾孫にあたる。曽谷家も代々幕府に仕えた漢方医であり、宮崎家から養子に入ったのが言成であった。立元は万延元年（一八六〇）の遣米使節団に加わった経歴を持っていた。言成は、以前から西洋での体験を兄から聞く機会があり、自らも行ってみたいと考えたのだろう、イギリスへの留学を果たす。

曽谷は、「英行日誌」一・二（早稲田大学図書館所蔵・柳田文庫）という日記を書き残した。それによれば、周旋《しゅうせん》してくれた勝海舟を前日に訪れ礼を述べ、静岡を発ったのは明治三年（一八七〇）閏十月十九日のことだった。同行するのは外山正一・木村熊二・大儀見元一郎、学問所の同僚である島田豊・杉山孫六・竹尾忠男らが江尻駅まで見送った。

同年十二月三日外山・木村・大儀見はアメリカへと旅立ったが、曽谷はそれに同行しなかった。新政府所属の留学生となることが認められ、刑部省《ぎょうぶしょう》が法律研究のためイギリスへ派遣する六人に加えられたからである。他の五人は、各二人が山口藩・佐賀藩、一人が鹿児島藩の出身者であった（倉沢剛『幕末教育史の研究　三』）。曽谷が「公城」（皇城）において洋行の命を受けたのは十二月二十六日であった。二十九日には学問所の先輩乙骨太郎乙が訪れ、両国橋近くの酒楼で別宴を開いた。乙骨からは、「米国マスサキエセッツニて　アンヂユー新島七五三」に、自分や吉田賢輔・尺振八《せきしんぱち》らが健在でいること、杉田廉卿《れんけい》が死亡したことを伝えてくれるよう頼まれた。「新島七五三」とは、すでにアメリカへ留学していた新島襄（七五太）のことである。杉田玄白の曾孫にあたる杉田廉卿は、乙骨の義弟（妻同士が姉妹）にあたり、新島にとっては江戸でともに聖書の読書会を開いていた学友であった。新島は廉卿が重病であることを日本からの文通で知り心配していたが（『新島襄全集 3 書簡編Ⅰ』）、廉卿はその年二月二十日、移住先の沼津で病死していたのである。

横浜を出帆したのは四年二月四日、サンフランシスコ着は二十七日。大陸を横断し、ワシントンに到着したのは三月十日、翌日には外山正一に会った。十二日には木村・大儀見宛の手紙を外山に託し、ニューヨークに向かった。五月八日アメリカを離れ、十九日リバプール着、二十日ロンドンに入った（この間、日記の日付は西洋暦に切り替えられた）。

以後、日記にはイギリスでの生活と学習の様子が、一八七二年十二月三十一日まで記録されていく。その中には、「友人長田銈太郎より手紙ヲ受取ル、同人仏都巴里斯江在留之由也、尤相原江原等ハ日本江帰国之由也」（友人長田銈太郎から手紙を受け取った、同人はフランス・パリに滞在しているとのこと、もっとも相原・江原は日本へ帰国したとのことである）（一八七二年一月三日条）、「岩倉公及外五使節到着〇旧友杉山秀太郎及富田冬三来港ス」（同年八月十八日条）などと、渡欧した静岡藩出身者の動向も記されている。十三大藩海外視察団に参加した相原安次郎・江原素六は明治四年（一八七一）の年末には帰国したが、長田銈太郎はフランスに残った。岩倉使節団には静岡藩出身の杉山一成（秀太郎）が理事官田中光顕の随員として加わっていた。なお、日記の中には一八七二年当時の曽谷の年齢が二十七歳と記された箇所がある。

曽谷が帰国したのは七年（一八七四）九月のことであった（「海舟日記」）。訳書として『拿破倫《ナポレオン》詳伝』（明治十一年刊）があるが、その後の彼の足跡は定かでない。宮崎に復姓し、十九年（一八八六）から二十一年（一八八八）にかけて函館商業学校の嘱託教師になっていた事実がわずかに知られる（『函商百年史』）。法律を学びに留学したはずであるが、法曹界では足跡を残さなかったらしい。雑誌『江戸』第一〇号（大正五年刊）に、若き日に学んだ昌平黌に関する思い出を「茗黌紀事」として寄稿しているので、その頃までは健在だったようだ。

弘前藩への御貸人

他藩との接点については、静岡が受け入れた留学生と静岡から送り出した遊学生の項で先に紹介した。しかし、静岡藩から他藩へ送り出されたのは遊学生だけではなかった。御貸人《おかしびと》という名の教師も派遣されたのである。これは、諸藩からの招聘《しょうへい》依頼に応えた人材派遣のことである。静岡藩が優れた洋学者や軍人の宝庫であり、先進的な学校制度に則った教育を行っていたことは全国諸藩に知れ渡っていた。諸藩では自藩の教育改革の指導者、あるいはお雇い教師として静岡藩に人材を求めたのである。

明治三年（一八七〇）九月、弘前藩士梶昌雄・長尾介一郎が小島勤番組之頭林又三郎に会って静岡藩からの教師派遣を依頼し、服部常純・勝海舟・向山黄村・古賀謹一郎・中村正直からも賛助を得ることに成功した（『青森市沿革史』）。その結果、御貸人として漢学担当の静岡学問所三等教授宮崎立元、英学担当の五等教授島田豊（徳太郎）が派遣されることに決定した。最初は中村正直の招聘を依頼したようだが断られたらしい。同年十二月二十五日、長尾が同道し遠く弘前に着任した宮崎・島田の二人には、月給五〇両、支度料一〇〇両が支給されることになったが、彼らは「過分」であると固辞し、宮崎は月三〇両、島田は二〇両への引き下げを申し出た。同藩ではそれでは義理が立たないとして、代わりに衣服を贈呈した（『弘前藩記事 三』）。

静岡藩の二人と同時に、慶応義塾からも二人の教師が招聘され、ともに同藩で教鞭をとることになった。諸藩にとって静岡藩の人材群は、東京の慶応義塾と並び立つ大きな存在であったことがわかる。他に弘前藩には、沼津兵学校からもフランス式練兵や喇叭《らっぱ》の教師として数名の御貸人が派遣されていた。

教師招聘を機に四年（一八七一）一月、弘前に開設された敬応書院（敬応学舎）は、皇漢英の三学科に分かれ、宮崎・島田らが教鞭をとったほか、静岡への使者となった長尾介一郎らが舎長に就任した。校名は宮崎が命名したものであった。長尾は静岡派遣時に学校規則を取り調べるという使命も負っていたので、その成果も反映されたと思われる。なお、英語の教育法について、静岡藩出身の島田は正則、慶応義塾出身の二人は変則を主張したので、教場を別にし、変則科は青森の分院で教えることになった。正則とは主として外国人教師による会話・発音重視の教育、変則とは日本人教師による読解・文法重視の教育と考えてよいだろう。

　四年四月六日、契約期限が満ちたため宮崎・島田らは静岡へ帰ることになった。餞別《せんべつ》としてそれぞれ一〇〇両が贈られたほか、藩主津軽承昭《つぐあきら》は送別の宴を開き、漢詩を贈って感謝の意を表した。しかし、よほど宮崎は同藩に気に入られたのであろう、七月には再び招聘を依頼するため、藩士二人が静岡へ派遣され、改めて彼を迎えることになった。使者となった弘前藩士手塚元瑞は、宮崎への土産に「畦織一疋・唐塗三組之文庫」を持参して来静し、勝海舟・山岡鉄舟・平山省斎《せいさい》・中村正直ら名士を訪問してもいる。前日には勝への挨拶を済ませ、宮崎が静岡を出立したのは八月十五日だった（「海舟日記」）。廃藩直後のことでもあり、今度は一〇人扶持《ぶち》で雇われることになった。宮崎には、門弟として池田忠一が随行し、弘前で

池田忠一（『朝露の覚』より）

下条幸次郎（『仙台二高八十年のあゆみ』より）

塾幹の役割をつとめた。池田は静岡学問所では五等教授だった人物である。英学教師には、島田に代わって新たに五等教授下条幸次郎が赴任し、月五〇両が給された（『青森県史五』）。宮崎は家族を伴っての赴任だったらしく、老父立敬は弘前で死去し、同地の寺院に葬られた（『兼松石居先生伝』）。宮崎と池田は弘前滞在中、北海道・樺太、さらにロシアへの探訪を夢見たが、果たせなかったという（『朝露の覚』）。下条は五年（一八七二）二月まで、宮崎は五月まで同藩に留まった。

その他、御貸人としては、静岡学問所にかつて在職した者として、鹿児島藩へ赴任した名村元度、名古屋藩へ赴任した中村秋香《あきか》がいるが、転任後のことであり学問所からの直接派遣者とはいえない。御貸人は、静岡学問所よりも沼津兵学校からの方が多く送り出された。軍制改革の指導者やフランス式陸軍の練兵教師を求める藩が多かったからである。また、静岡藩にとっては余剰人員を他藩に引き取ってもらうという意味もあった御貸人の場合、勤番組や箱館戦争降伏人など、藩内では定職に就けなかった者を優先して送り出すといった面があった。自藩の教育体制を大幅に崩してまで、有用な人材を他藩に譲渡する必要はなかったのである。

天朝御雇

静岡藩の人材を欲したのは諸藩だけでなかった。旧幕府という全国政権でさまざまな経験を積んだ人材は明治新政府が最も求めるところであった。旧幕臣・静岡藩士に対する新政府への出仕命令は、藩が発足した直後の明治元年段階から始まっていたが、年々その要求は高まっていった。新政府に出仕した藩士のことを朝廷に雇われた者という意味で「天朝御雇《てんちょうおやとい》」と称した。版籍奉還を経て集権化が進むと、藩職員はあくまで中央政府の官吏とみなされ、その登用について出身藩にいちいち問い合わせすることなく、ストレートに出仕命令が下されることになった。

静岡学問所の教授陣から引き抜かれていった天朝御雇を列挙すれば、津田真道（明治二年一月徴士刑法官権判事）、長田銈太郎（二年五月横浜語学所当分御雇）、田中弘義（二年八月大学中助教）、近藤鎮三（二年九月以前大学中得業生）、堀越愛国（三年一月大学大助教）、秋山政篤（三年一月大学南校当分教授手伝）、杉浦譲（三年二月民部省准十等）、外山正一（三年閏十月外務省弁務少記）といった具合である。

学問所を主宰する立場にいた津田は、早くも新政府に引き抜かれたが、明治二年（一八六九）五月にはいったん、新政府の役職を免ぜられて帰藩し、八月には静岡藩少参事（藩庁掛・学校掛兼任）となった。しかし、翌三年（一八七〇）十月には再び新政府に出仕する。行ったり来たりの忙しさであった。津田は、同時に呼び出された沼津兵学校の西周とともに、学制取調御用掛を命じられており、新政府における教育制度の立案に携わることとなった。その結果、閏十月には大学南校規則が成ったが、それは二人の静岡・沼津での経験を幾分かは反映したものであったろう。また、幕府時代には実現することがなかった政権中央への参画であり、戊辰時には一瞬で冷めてしまった政治熱の再燃でもあった。少し先のことであるが、彼らは、学問や言論の力で国家・社会の変革を促すべく、やがて民間でも活動するようになる。すなわち、津田と西は、中村正直・杉亨二ら学問所の旧同僚や開成所時代の同志加藤弘之・神田孝平らと再び顔を並べ明六社に参加したのである。

すんなりと新政府に出仕せず、三年十月、四年六月の二回にわたり兵部省からの徴命を受けたものの、断り続けた五等教授伊藤隼のような者もいた。二等教授長田銈太郎の場合、明治新政府に引き継がれた母校、横浜語学所（後の陸軍兵学寮幼年学舎）の当分御雇を命じられたが、半年後には辞任している。天朝御雇になることについては人によってさまざまな対応の仕方があった。一介の教師でいるよりも中央で行政手腕を発揮したいと、静岡での生活と仕事にいち早く見切りをつけた者がいる一方、あくまで徳川の遺臣であることにこだわり、新政府に仕えることを潔しとしない者もいた。

そのような雰囲気は廃藩後になると一変する。皆が東京へ東京へと向かうようになる。廃藩後から廃校前後のことは後で述べることにしたいが、先走って明治十三年（一八八〇）時点の官員録に掲載された静岡学問所出身者の省庁別一覧を示せば表2のようになる。明治政府に吸収された彼らが、幅広い分野の官庁で活躍の場を築いたことがわかる。

もちろん、「慶応元年選ばれて英国に留学した程の人物であったが、帰朝後僅か司法省に出仕したばかりで、下らぬ人物が幅を利かせてゐるのに立腹し、罷めてから後は不遇に甘ん

表2　明治13年（1880）の官員録に載った静岡学問所出身者

官庁名	氏　名（役　職）
太政官	杉亨二（権大書記官）　杉山親（七等属）　大森鐘一（権少書記官）
元老院	津田真道（議官）
外務省	長田銈太郎（二等書記官）　平山成信（一等書記生）　中島雄（三等書記生）
内務省	成島謙吉（勧農局四等属）　竹尾忠男（勧農局六等属）　岩橋教章（地理局御用掛准判）　河田羆（同前）　中村秋香（社寺局二等属）
大蔵省	河野通聿（銀行局八等属）　田口思順（租税局八等属）　清水凞（常平局八等属）
陸軍省	織田信義（十二等出仕）　益頭尚志（十三等出仕）
海軍省	乙骨太郎乙（御用掛准奏）　桜井當道（七等属）
文部省	近藤鎮三（御用掛奏任）　外山正一（東京大学文学部教授）　下条幸次郎（東京大学予備門訓導）
工部省	島田隨時（書記局三等属）　竹村本五郎（電信局四等属）　坂湛（工作局八等技手）　二宮正（同前）
司法省	薗鑑（一等属）　杉浦赤城（五等属）　小出有秀（六等属）
宮内省	葉若清足（准判取扱）
静岡県	蜂屋定憲（三等属）　池田忠一（十五等出仕）　榛沢昆正（十六等出仕）　露木精一（十七等出仕）　星野鉄太郎（富士郡長）

じてゐた」（胡桃正見「岩佐銈七段の長逝を悼む」）という、折角入った新政府の中では結局、自分の居所を見付けられなかった岩佐敬重（源二）のような者がほかにもいたはずである。

5　学校の内実

教育の実態

これまで静岡学問所の多様な側面について述べてきた。しかし、多くは外面的な事柄であった。では、そこで行われた教育の実態はどのようなものだったのだろうか。

残念なことに、この点については資料不足によりなかなかわからない。姉妹校たる沼津兵学校に関しては、詳細なカリキュラムがあるほか、決して多くはないものの生徒が書き残した英語・数学・図画・書史講論（漢学）のノートなどが残されている。ところが、現在のところ静岡学問所の方にはそれに類するものが見当たらないのである。

そうなるとわずかに関連する一次資料とともに、後世に記された文献など、二次資料に頼ってその内容を検証するほかない。

平賀敏《びん》は廃藩後に静岡学問所に入学した人物であるが、その伝記から抜粋すれば、学問所での教育の様子については以下のようになっている。「静岡学問所は漢学、洋学の二科に分れ、之に漢学科は素読科（四書、五経の素読）歴史科（三史略即ち、国史略、十八史略、元明史略並に史記、通鑑等の素読）洋学科は英学、仏学の各二類に分れ」、「毎日午前七時から正午迄が教授時間でありました」、「輪講など、と唱へて、学生互ひに其書の意味を研究するは四書、五経、三史略、史記等数十巻の漢書を幾度も繰返し、素読した上でなければ、教師から許可されないので、而かも当時黙読と称して、黙つて読書するは先生達か上級生に限るので、其以下の学生は、音読々々と唱へて、大声を出して読み」、「静岡学問所の素読科の教授時間中は、数百の学生が教師と共に一人々々声を発して音読するから、ワン〳〵囂々」、「其亦教授法は一人々々、生徒を下足札の順番で、教へるのだから、学生は互に早い順番を取らうと、早朝から学問所へ出掛る」（『平賀敏君伝』）。

静岡学問所が青年組と幼年組とに分かれ、青年組が「歴史組」とも呼ばれたことは『静岡市史』第二巻にもある。同書は、他に英・仏・独・蘭の組もあったとするほか、「素読組」という言葉も使っている。たぶん素読組が幼年組に相当するのであろう。

大森鐘一は、静岡小学校には「漢学と習字科と英・仏二科」があったとするほか、自分が教えた学問所の仏学科では、「地理や歴史も数学も皆仏語」で教え、教室は寺子屋式の机が置かれた畳の部屋であり、生徒は学校備え付けの辞書や教科書を借り、進級する際には下級生に譲っていったと回想している（『大森鐘一』）。

皇学科に在籍した浅井清長によれば、三等以上の教授は見台《けんだい》について会読を行い、生徒に机はなく、書籍は下に置いた。三等以下の教授は生徒と同じ机について会読を行ったが、畳敷きの部屋には長さ一間（約一・八メートル）程の机が並べられ、左右一台に三、四人ずつの生徒が座った。上座から順番に一、二枚ずつ読んでいき、「半冊三回十枚位」を一日で読み終わり、時刻が来ると退席したという（『静岡県教育史　通史篇上』）。

一等教授望月万一郎の書簡（明治二年十二月四日付）に「当十月中学校稽古人試業仕候処、長谷雄儀（泰之助改名仕候）、論語講釈、左伝素読出来方宜敷候ニ付、為御賞誉白紙七拾帖三位様より被下置候」（十月に学校稽古人の試験を行ったところ、長谷雄は論語講釈と左伝素読の出来がよかったので、賞品として白紙七十帖を家達公から賜った）とある。長谷雄（泰之助）は望月の息子である。学校掛矢田堀鴻《こう》の息子平次郎も、四年十一月五日素読吟味、同月八日数学で褒美をもらっていることから（「公私雑載」）、昌平黌時代と同様に試業（定期試験）が行われ、成績優秀者には褒美の品が下賜されたことがわかる。

私塾との共存

静岡小学校生徒志村力《つとむ》の父親が記した日記からは以下のことがわかる。明治四年（一八七一）二月に入学した力は、素読、手習、数学という希望する教科毎に短冊を提出し、通学することになった。十月に行われた素読試験、十一月に行われた算術甲科試験では優秀な成績を得たらしく、学校から褒美として半紙や石筆をもらったが、その一部は御礼として師匠に贈られた。同月には英学の短冊を小学校に提出し、英語学習を開始した。翌五年三月には、集学所の通学生徒から寄宿生徒となり、六年四月に退学するまで同所に籍を置いた。

素読は海老原熊太郎、算術は海老原伝次郎・田沢昌永・鈴木久五郎、手習《てならい》は細田幽履、英学は海老原・島田隨時《ずいじ》といった具合に、実際に教えを受けた教師の個人名が挙げられており、学校で学ぶことは同時に担当教師の個人宅でも指導を受けることを意味したようである。師匠には入門時の手土産や歳暮の品、礼金などが贈られており（宮地正人『幕末維新期の社会的政治史研究』）、師弟間の伝統的慣習が続いていたように思える。

教師の側から見れば、「乙骨先生なとハ日々昼前スクールニて、昼後夕方迄御宅ニて御会被成、夜ハ又昼御いそかしき御方の御けひこニてよほと御骨折の御様子ニ御座候」（『木村熊二・鐙子往復書簡』所収の四年六月五日付書簡）と、一等教授乙骨太郎乙の仕事ぶりは記されている。午前の学校での授業以外に、午後と夜は自宅で生徒を教えていたというのである。

学校入学と同時に教師の私的門人になったり、複数の学校に同時に出入りする様子は、近代的な学校教育のイメージとは大きく違っている。志村力の学習の仕方が他のすべての生徒にも共通するものであったのかどうかはわからないが、同様の事例はほかにも多く見られた。平賀敏が学問所での勉学の遅れを取り戻すべく、漢学者佐藤平・木原硶の私塾に通学したという事例からは、現代の学習塾に近い印象を受ける部分もあるが、静岡学問所・静岡小学校の実態は、私たちが思い描く今日の学校生活とはかなりの落差があったと考えるべきであろう。強大な統一政権である明治政府の手により、システムとしての「学校」が確立するには、もう少し時間を経なければならなかった。

なお、沼津兵学校の方では、附属小学校教授の「宅稽古」(自宅での門人取り立て)は五人までと「掟書」で規定されたほか、二年(一八六九)三月兵学校教授についても三人までは許可するという布達が出されており、人数制限があった。同様の布達が静岡学問所で出された形跡はない。教育機能を学校に一元化する方向が、より近代的な教育の在り方であると考えれば、沼津兵学校の方が一歩進んでいたといえる。

先述した中村正直のように書生を置かない者もいたが、学問所教授の多くは自宅に書生を置き、私塾を開いていたと思われる。また、学問所教授以外にも、静岡に移住した旧幕臣の中には、私塾を開く者が少なくなかった。学問所や藩庁周辺の人物に限っても、平山省斎《せいさい》

（学問所生徒成信の父）、木城花野《はなの》（学問所教授直の母）、西成度（権少参事・刑法掛）、林惟《これ》純《ずみ》（開業方物産掛）、依田盛克（権少参事）、奥村孚《まこと》、田中董丘《とうきゅう》らを代表的な塾主として挙げることができる。多くの士族を抱え込んだ静岡では、子弟の教育に対する需要が高かった。学問所や小学校が需要のすべてに応えたのではなく、その周辺に簇生《ぞくせい》した無数の私塾が受け皿となったのである。沼津をはじめ藩内各所も含めれば、その数は夥《おびた》しいものだったはずである。洋学・漢学の実力を備えていても、学問所や兵学校、小学校に就職していない者もいた。教える側にしても、旧幕時代に比べ大幅に禄《ろく》を減らされた中で、それは生活の糧を得るための手段でもあった。

規則書の有無

「徳川家兵学校掟書」という明文化された規則によって運営された沼津兵学校とは違い、静岡学問所の方に規則書はなかった。入学時の選抜の有無、進級の仕組み、試験の実施法など、いずれもわかっていない。宮原木石（寿三郎）は郷里の阪谷朗廬《ろうろ》に宛てた明治三年（一八七〇）七月十八日付書簡に、「陸軍ハ沼津兵学校於而御承知之規則ニ而世話いたし居候、文学も追々規則相立可申」（陸軍についてはご存知の規則に基づき沼津兵学校で教育を行っており、文学科については今後規則を制定する予定である）（国立国会図書館所蔵・阪谷家文書）と記しており、「文学」つまり静岡学問所でも規則制定の予定があったらしいことをうかがわせる。しかし、それは実現しなかったのである。ちなみに、「御承知之規則」とあるように、「徳川家兵学校掟書」の方はすでに阪谷朗盧へ送っていたことがわかる。阪谷へは、この書簡に添えて「徳川家陸軍医学所規則」の写しも送っており、他藩では静岡藩の学制を参考にするため規則書の入手を切望していたらしい。

一方、小学校に関しては、明治三年正月「静岡藩小学校掟書」が制定され、藩内各所一律の規則が施行された。初級、一級、二級、三級と進み、その後「文武学校入」、つまり静岡学問所か沼津兵学校の入試を受けることができるようになっていた。とはいえ、前述のよう

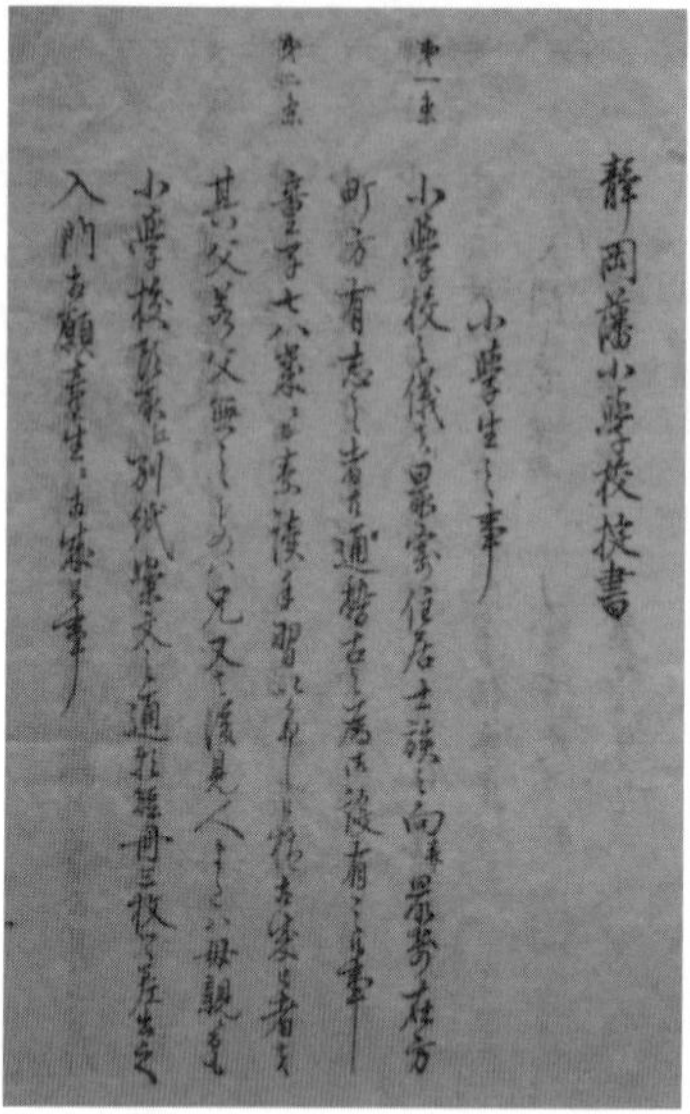
静岡藩小学校掟書

小学生之事

『静岡藩小学校掟書』　明治３年正月
（沼津市明治史料館所蔵）

に、入試方法が「掟書」で決まっていた兵学校に対し、学問所の方は小学校からの接続の仕方を明示したものはない。「静岡藩小学校掟書」の制定が上級学校たる静岡学問所に及ぼした影響は判明していないのである。

杉浦譲の父親の日記、明治三年四月十日の条に「小学校試人吟味手続」なる箇条が書き留められている。それは以下のような内容である。四書講釈は、学庸等一部限りの講釈でも構わず、書籍は銘々持参すること。歴史試読は、漢史の試読であり、書籍は持参しなくてよいこと。試書は、銘々の流派で用いるものを持参し、和様は奉書、唐文字は唐紙を用意すること。文集句読点付は、八家文等のうちから書き抜きを渡すので、それに点付をすること。詩文ができる者には出題する。天立までか、天竄《てんざん》までか、三角までか書き出すこと（たぶん洋算のこと）。和算吟味を願う者は天竄以上の分だけ行うこと。以上すべてを受けるのか、一科か二科のみ受けるのか、どちらでも構わないので、科目を書いて提出すること。吟味場所は学問所であること。来る十五日までに、当主・惣領・厄介《やっかい》に至るまで吟味を願う者には頭《かしら》衆から知らせるようにせよ、とある。これは、いよいよ藩立小学校が開設されることになったので、生徒募集にあたり授業科目を周知させたものであろう。その年正月に発布された「静岡藩小学校掟書」に掲載された学科等とは一致しないようにも思えるが、より実際に即して示したのかもしれない。

学問所の目的

先に述べたその時々の試験の褒賞制度は別にして、沼津兵学校のように、小学校童生↓兵学校資業生↓本業生↓得業生↓陸軍士官といった、試験を伴う明確な進級制度、任官制度は、静岡学問所の方にはなかった。そもそも、沼津兵学校は藩の陸軍士官を養成するという明確な目的のために設立された教育機関であったが、学問所の方は出身生徒が藩の官吏に就くという進路が決定されていたわけではなかった。

西周が明治二年（一八六九）四月に起草した「徳川家沼津学校追加掟書」は、兵学科と文学科を並立させ、兵学科が武官、文学科が文官を養成するという構想であった。本来であれば、この構想は静岡学問所と沼津兵学校とを連携・合体させ、文武の官吏をそれぞれが養成するという役割分担を定める方向につながるべきものであった。しかし、詳細なカリキュラムまで用意した西の「追加掟書」は公にされることなく、この計画は幻に終わった。文学科が沼津で新設されることも、それに相当する静岡学問所が文学科（兵学校に対する文学校）として位置づけ直されることもなかった。西は三年（一八七〇）春頃には、「静岡学校御用も兼相勤候様」に命じられ、「顧問」のような立場を占めたとされるが（もち月生「嗚呼外山博士」）、結局、沼津と静岡の両校を一体化することはできなかった。

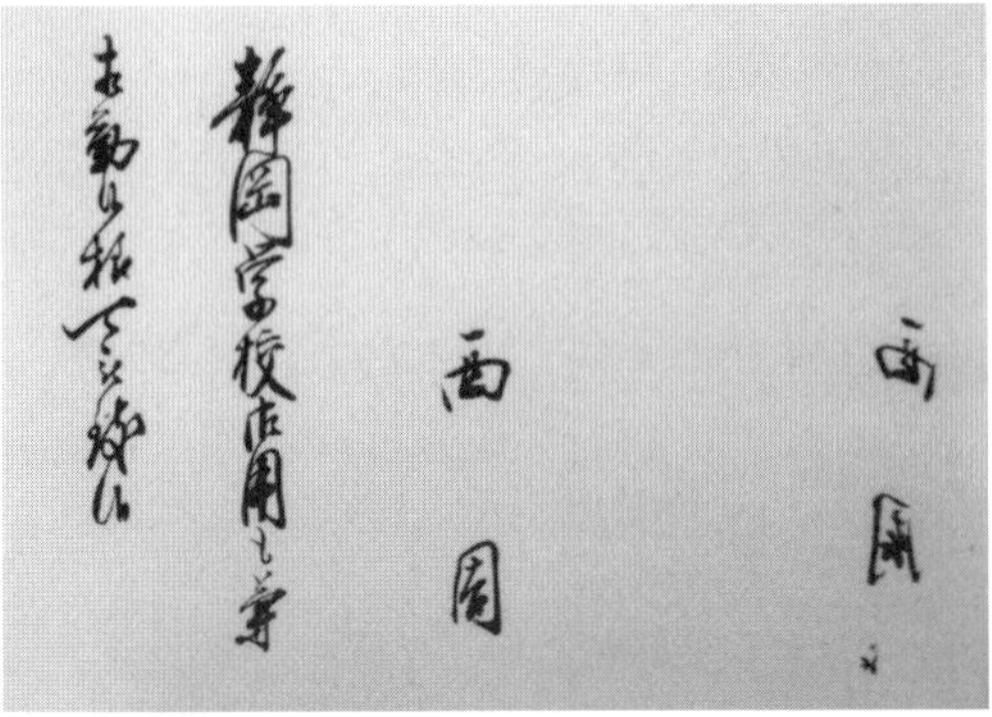
沼津兵学校頭取西周の静岡学校兼勤辞令
（国立国会図書館憲政資料室所蔵）

その結果、静岡学問所は、藩士にとっては単なる自己修養の意味しか持たない、そこで学ぶことの意義が不明瞭なままの存在で終わった。その原因は、学問所と兵学校の間で意志統一ができなかった点にあるのかもしれない。あるいは、静岡・沼津の違いというよりも、藩内保守層の反発を想定すべきであろう。すなわち、「追加掟書」を実行に移すことは、身分制から官僚制への完全な切り替え、能力主義の徹底による家格主義の破壊を意味したからである。学校を優秀な成績で卒業した者だけが藩の官僚に就任することができるという仕組みは、古い封建的な身分・家柄を重んじる保守的立場の人々には簡単に受け入れることができなかったはずである。移封にともなう大量リストラと改革によって旧幕時代の古い体質は大幅に失われていたはずの静岡藩であるが、旧弊を完全に打ち消し、新しいルールを全藩的に貫徹することまでは無理だったといえる。

幕府から引き継がれた蔵書

静岡藩が幕府から引き継いだ和漢洋の膨大な書籍、つまり静岡学問所の蔵書については、「葵文庫」として現在は静岡県立中央図書館が所蔵している。昌平坂学問所・箱館御役所の蔵書印が押された和漢書、蕃書調所・洋書調所・開成所・外国方・神奈川会所改・長崎東衙官許・陸軍所などの蔵書印が押された洋書などを多数含むことで知られる。この九三二部・三五七七冊に及ぶ書籍群に関しては目録も作成されており、書誌的研究や概説的紹介も少なくなく、筆者が付け加えるべきことはあまりない。

なお、幕府の旧蔵書は、かなりの数量を静岡・沼津に運び、静岡学問所や沼津兵学校で活用していたのであったが、すべてを運搬できたわけではなく、江戸城に残してきたもの、つまり新政府に移管したものも相当数あった。明治三年（一八七〇）正月、静岡藩は政府弁官に対し旧幕府の紅葉山文庫にあった書籍類の下げ渡しを願い出た。その文面には、「静岡表学校於テ闔藩士族ノ生徒ハ不及申其他有志者共へ手広ク教導為仕候折柄右資料ニ相充候和漢書籍類至テ匱乏罷在数百人ノ生徒教育ノ術相行兼就テハ自然勧学ノ御趣意モ模通兼可申哉ト心配仕候」（静岡の学校で私どもの藩士やその他有志に広く教育を行っているところですが、その教材にあてる和漢の書籍が乏しく、数百人の生徒の教育に支障があり、教育振興の政府方針に沿えないのではないかと心配しています）云々とあり、静岡学問所での生徒教育用の書籍が欠乏しているというのが理由とされていた。静岡藩公用人杉山一成・小田又蔵の名で大史宛に出された別の願書では、「方今文学格別御引立之御趣意相奉シ当藩学校ニ於テモ手広ク教導仕度（中略）教導方必用之書籍類（中略）御貸渡被成下候ハ、藩学引立之礎基相立」（学問振興の方針に従って当藩学校でも広く教育を行いたいので、教育に必要な書籍をお貸し下されるようでしたら藩学校を引き立てていく基礎になります）云々とあり（国立公文書館所蔵「妻木多宮筆記」）、新政府の意向に沿って教育を振興するためにも是非とも書籍を返してほしいのだと重ねて訴えている。時間がかかったようであるがこの願いは聞き届けられ、三年七月晦日に「徳川記　十九冊」「武徳大成記　三十一冊」「三河後風土記　四十五冊」「家忠日記　二十五冊」「東武実録　四十冊」など一〇〇種を超える、家記私撰の書籍が下付された（国立公文書館所蔵「太政類典」）。ただし、なぜかこれらの書物は現在の葵文庫には存在しない。

木村熊二が務めた学校御書籍取締出役という役職は、これらの蔵書を管理する仕事を担当したのかもしれない。また、倉地寛裕という元藩士の「日記」（新潟市歴史博物館所蔵・川村修就文書）、明治五年（一八七二）七月十六日条に、「過日達有之候ニ付、兼而学校より拝借致し候仏書読方并会話壱本、今朝持参、学校御書籍掛金子鼎江相渡返上、印紙引替請取持帰ル」（過日通達があったので、学校から借りていたフランス語の読み方・会話の本一冊を今朝持参し、学校御書籍掛金子鼎へ返却し、印紙を引き替えに受け取り持ち帰った）とあり、廃藩後も担当者を置き、学問所蔵書の貸し出しが続けられていたことがわかる。

教科書

多数の生徒を一斉に教育する学校では、印刷された大量のテキストが必需品となる。大森鐘一の回想では、学校の備品である教科書を使い回ししたとしているが、学科によっては個人個人が教科書を手に入れるケースもあったかもしれない。なお、現在、葵文庫にはフランス書については同一本が数十冊残っている例があるものの、その後の流出のためか、英書についてはー部一冊ずつしか残されていないという（山口博「沼津兵学校旧蔵書について」

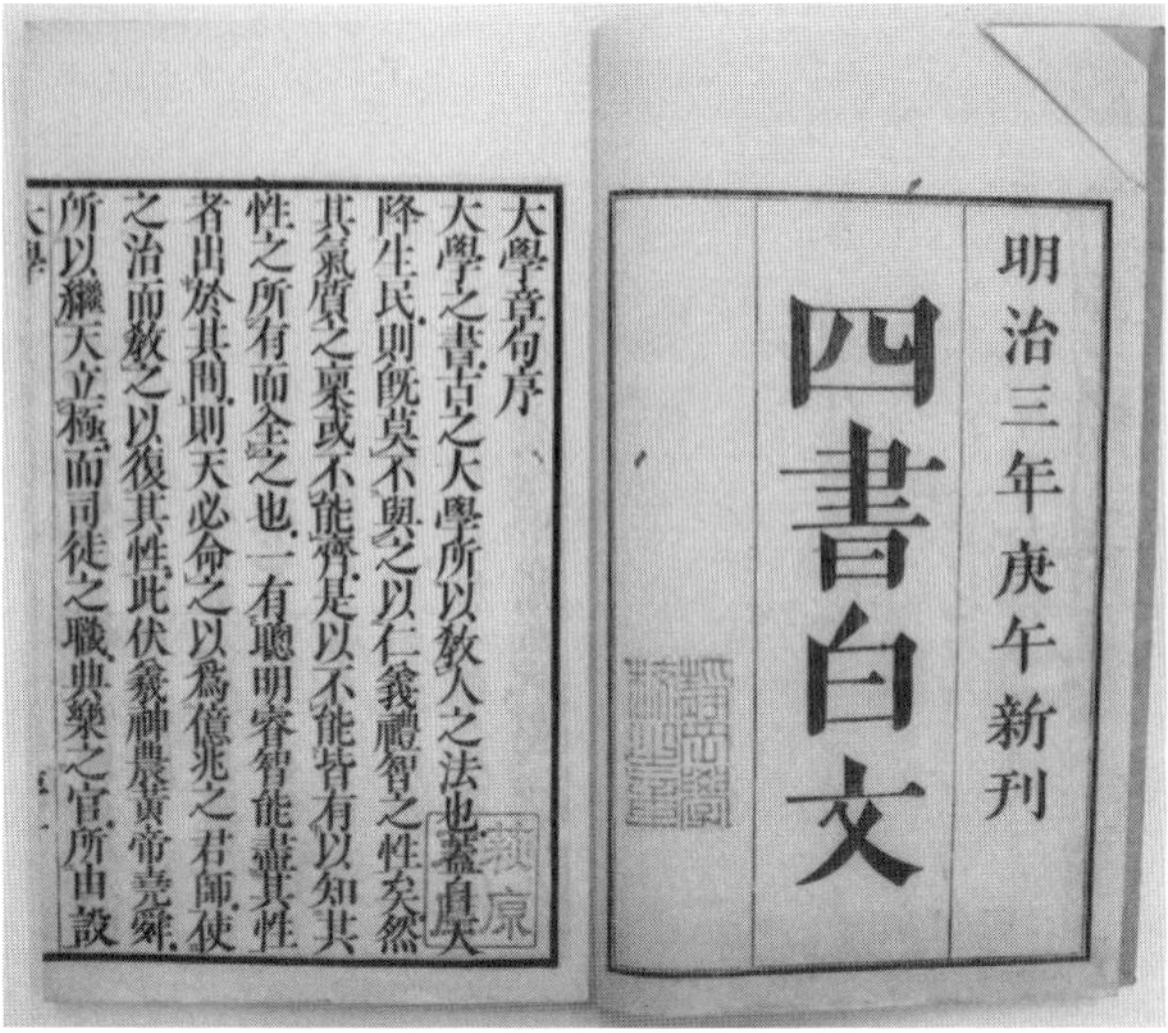

静岡学校刊『四書白文』（御前崎市立図書館所蔵）

『葵』第一三号）。

沼津兵学校とその附属小学校では、英語、フランス語、数学などの教科書十数点を自ら出版していた。静岡学問所でも数の上では劣るものの教科書を刊行している。『四書白文』は明治三年、『小学白文』は五年に発行されたもので、それぞれ見返し部分には「静岡学校之章」の朱印が押され、学問所が版元であったことを示している。

しかし、現在、静岡学問所発行の教科書として知られるのはこれだけである。沼津の方と比較すると、洋学と数学関係が欠けていることになる。独自の教科書を用意しなかったとすれば、既成の書籍を使用したと考えられる。開成所では慶応二、三年（一八六六〜一八六七）にかけ多くの書籍を刊行しており、静岡でもそれらが使われた可能性がある。『英語階梯』『英語訓蒙』『英吉利文典』『法語階梯』『博物通論』といったものである。ただし、学問所旧蔵書である葵文庫に現存する幕府刊行書は、『独逸単語篇』（文久二年、洋書調所刊）、『理学初歩』（慶応二年刊）といった程度である。

当時、静岡で発行された書籍としては中村正直の手になる『西国立志編』、『自由之理』、『英訳漢語』などがあるが、それらが学問所の教科書として使われることはあったのであろうか。素朴な疑問であるが、明確な答えは見つからない。

また、沼津兵学校刊の『筆算訓蒙』、『英吉利会話編』、『経済説略』、『英国史略』、『西洋蒙求』、『法朗西単語篇』などは他藩へ普及していることからすると、当然同じ藩内の静岡学問所の方でも利用された可能性がある。

静岡江川町の老舗《しにせ》の書肆《しょし》である本屋市蔵（広瀬市蔵）は、「学問所御用製本所」の肩書で『御役名鑑』、『駿藩各所分配姓名録』などの名簿を印刷している。本来は彼が学問所教科書の印刷・販売も担当するはずだったのかもしれない。本屋市蔵は「本市」と呼ばれたほか、主人は髪がボサボサだったので「ボサ市」とあだ名された（『維新前後の静岡』）。

静岡学問所の校舎
（クラーク著〝Life and Adventure in Japan〞より）

ただし、以上述べたことはあくまでも推測である。実物はもちろん、当事者の回想なども含め、残念ながら静岡学問所の教科書について判明している事実は少ないのである。もちろん印刷された教科書を使用しない授業もあったであろう。

校舎

静岡学問所の校舎は、最初、慶応四年（一八六八）九月、駿府城四ツ足門内の御定番屋敷に開設され、翌月には横内門内の元勤番組頭屋敷に一時仮設、その後四ツ足門内に戻った。三年九月、学問所構内に小学校が仮設され、後に近くに新築移転した。同年十二月には校舎とは別に寄宿舎が設けられたことは先に述べた。学問所には数棟の建物が立ち並んでいたのであろう。学制にもとづく公立小学校教勧舎は、「城内旧学問所の家を壊して、其跡に二階建の立派な新校舎」を建ててスタートしたというので（『平賀敏君伝』）、学問所の古い校舎は明治六年（一八七三）頃には失われたのかもしれない。

学校の玄関には多くの棚があり、「何百という木製の履物」（下駄）が並んでいたほか、木釘を打った刀掛には脇差がずらりと掛かっていたという（クラーク『日本滞在記』）。生徒浅井清長の「懐旧録」では、大刀の方を刀掛に掛け、小刀は自分の座側に置くのが通例だったとする（『静岡県教育史　通史篇上』）。平賀敏の回想には、早朝、開門と同時に飛び込み、早い順番で下足札《げそくふだ》を受け取ったというので、大人数の生徒の下駄箱を管理するため下足札が用いられ、下足番が置かれていたことがわかる。

学校に刀掛けがあったのは沼津兵学校も同様だったが、江原素六は「学校などには刀懸がなくなるやうにしなければならぬ」と廃刀を理想にかかげ、さらには「下駄段もなくなるやうにしなければならぬ」と、靴を普及させるべく、士族の子弟を横浜へ製靴修業に派遣したという（『急がば廻れ』）。兵学校の教室では、黒板・チョーク・高机・椅子が使用されたというので、進歩的であった。ただし、明治四年（一八七一）夏に訪れた三人のイギリス人の観察によれば、静岡学問所の一階の教室は日本式だったが、二階の教室はイギリスとそれほど違わなかったと述べているので（「外国人が見た江戸・明治の静岡⑧」）、沼津と同様、高机や椅子が備えられた部屋もあったのかもしれない。

校舎の外観については、明治六年（一八七三）にクラークが撮影した写真がある。屋根に乗った大勢の生徒たちが豆粒のように小さく写っているので、二階建の大きな建物だったらしい。教室はもちろん畳敷きであり、低い机が並べられていたという。ただし、クラーク著に掲載された、その写真を基に描かれた石版画には「SCHOOL-HOUSE AT SHIDZUOKA」というキャプションが付けられているが、彼のために新設された伝習所を撮影したものなのか、もともとあった学問所の校舎を写したものなのかははっきりしない。いずれにしても、建物群の配置、校舎内の間取り、部屋数など、詳しいことはわからない。「静岡藩小学校掟書」に規定された体操・剣術などの教科はどこで行ったのだろうか。

クラークについては後述するが、彼の招聘に伴い伝習所を新設することになり、それは小学校の隣接地（「素読組合校舎の北隣」という言い方もされる）に建設された。「わたしのために新設された実験場」とクラークが述べているものがそれであろう。実験器具はもちろん、建物内には大講堂があり、大黒板が設置されていたという。訪問した宣教師バラの観察によれば、珍しい本を多数備えた図書室もあったらしい。学校掛《がかり》矢田堀鴻の日記に、四年十二月

クラーク邸（〝Life and Adventure in Japan〞より）

七日「学校建足シ相談極る」、八日「学校建足を命する」（「公私雑載」）とあるのが、新設された伝習所のことであろうか。「建足シ」が増設のことであるとすれば、別棟ではなく、既存の校舎と一体化したものだったことになる。

また、最初は郊外の蓮永寺を住居としていたクラークであるが、明治五年（一八七二）七月、駿府城内東北隅の外堀に面した内側に、彼自身の設計図にもとづき日本人大工が建築した洋風二階建の邸宅（教師館）が完成した。クラーク邸は一部の授業にも使用された。バラは、クラーク邸を宝石のように美しいと称賛している。この邸宅についても外観や内観を撮影した写真が残されており、クラークが勝海舟に贈呈したアルバムに貼られ、現在は早稲田大学図書館の所蔵となっている。

教員住宅

　校舎の話題が出たついでに、教授たちがどこに住んだのかについても記しておきたい。膨大な数の旧幕臣が一度に移住したことにより駿府（静岡）の町は住宅難となった。もともとあった駿府町奉行配下の幕臣たちの屋敷には収まるはずもなく、移住者たちの多くが町人・百姓・寺院などに間借りをした。学問所の教職員についても同様であり、成島謙吉の場合を見ると、最初は慶応四年（一八六八）九月二十三日駿府人宿町二丁目山本屋半十方に止宿、十月には呉服町五丁目杉田屋権兵衛方に転宿している（『石上露子研究』第二輯）。平山成信とその父省斎は、駿府の町家二軒を転々とした後、郊外の八幡村にあった小さな堂宇西光庵に住むことになった（「明治戊辰の回顧」）。明治二年（一八六九）五月時点での藩士の駿府における宿所を記録した「御入国御人数町宿帳」（『静岡市史　近代史料』）にも、「学問所二等教授外山捨八　安壱木原屋源四郎」「学問所五等教授小野勝太郎　車丁福原屋久次郎」「学問所教授田中周太郎　上石町蒔絵師半助」「学問所四等教授松波升次郎　両替町三丁目　町頭半兵衛」「学問所一等教授近藤鎮三郎　安西四丁目安田屋文左衛門」「□学五等教授日下久之助　横内町三国屋三郎兵衛控」といった記載が見られる。

中村正直の場合、最初は郊外大岩村の農家に止宿したが、後に藩主から木材を下賜され臨済寺近くに半洋式の家屋を建設した。後に上京した際、その邸宅を棄てるのを惜しみ、和式部分を東京に移築したという（『東海三州の人物』）。

右の逸話は中村だけが特別扱いだったかのような印象を与えるが、明治二年（一八六九）九月に発せられた、在職者には役宅を支給するという静岡藩の方針によったものだと考えるべきであろう。同年十月の布達によれば、藩の役職者にはその階級に応じた地坪・建坪・畳敷・長屋が下されることになっていた。上は大参事（地坪五〇〇坪、建坪五〇坪、畳敷六〇畳、長屋二八坪）から、下は役金三〇両以下の者（建坪六坪六合五勺、畳敷七畳）に至るまで、六段階に分けられていた。学問所関係では、一等・二等教授が地坪二五〇坪、建坪二五坪、畳敷三〇畳、三等・四等教授・組頭・組頭勤方がそれぞれ二〇〇坪、二〇坪、二三畳となっている。役金六五両の五等教授は、役金七〇両以下三〇両までという範囲に含まれ、建坪一〇坪、畳数一〇畳の長屋とされた。なお、この役宅制度は三年十二月に廃止され、建物は払い下げになり、地所は拝借地とされ、地税を上納させることになった（『久能山叢書』第五編）。

大森鐘一は、「明治三年に至り、藩士一同に邸地を下賜されたり、（中略）家作は自普請とて各自建築す、此分賜を受けたる者の外、尚余は浜松、掛川、沼津、小島、横須賀等に住せしめ、当時之を割附といふ（中略）此時余が家は一番町、今の邸二百坪を拝領して、家作を作り（明治三年八月）本通川越町より此所に移りたるなり」（『大森鐘一』）と述べているが、これは役職者ではなく無役藩士のことを言っているのであろう。

いずれにせよ、学問所の教授・職員に対しては、勤務の利便性を考慮し、当然ながら近い場所に役宅が与えられたものと考えられる。生徒たちにとっては、そこが校外学習のための私塾になったのである。大正期に書かれたある人物の回想によれば、静岡藩当時、学問所の教授たちが多く住む東西の草深町は「学者町」になっていたという（深津丘華『静岡物語』）。

6　廃藩後の存続と廃校

クラークの伝習所

中村正直は、すでに明治三年（一八七〇）閏十月二十六日付書簡において、「一年に千両や二千両にて生徒一体の為となり、大きく申し候えば、駿地一体の為にも相成るべく」と、外国人教師の雇用を勝海舟に懇願していた（『勝海舟全集　別巻2』）。先に紹介した乙骨太郎乙の東京遊学願書の中にも、さらなる教育の充実のためには教師を海外留学に派遣するか、外国人教師を雇うことが必要だと記されていたが、いずれも静岡学問所の起死回生策として実行に移された。ただし、藩にとって外国人教師の招聘については遅きに失した感があった。実現が廃藩置県後にずれ込んだのである。

明治四年十月、廃藩後の静岡学問所に赴任した若きアメリカ人教師エドワード・ワーレン・クラーク（一八四九～一九〇七）については、既刊の諸文献が紹介してきていることであり、またテレビ番組として取り上げられたこともあった（テレビ静岡制作「知られざる明治　もう一人のクラーク先生」、一九九一年放送）。有名な札幌のクラークに対し、「もう一人のクラーク」と言われる。彼の手によって本格的な科学教育が実施され、静岡学問所が近代的教育機関として面目を一新したことは周知の事実であろう。本書では言い古されたことを繰り返すことはしない。

ここでは、クラークが静岡で行った化学教育の実態に迫った比較的最近の研究（蔵原三雪「E. W. クラークの静岡学問所付設伝習所における理化学の授業」『武蔵丘短期大学紀要』第五巻、一九九七年）から、少しだけ紹介したい。

クラーク（飯田耿子氏所蔵）

クラークの教育が大きな成果を挙げた理由は、日本人に適した教科書を選定し、使用したことにあるという。実験器具や試薬もふんだんに用意した。彼は化学の専門家でもなく、ラトガース大学の学生だった時は化学が好きではなかったというが、福井に赴任していた親友グリフィスと手紙での相談を繰り返し、事前の準備を十分にしてから来日した。そして、初心者にとってわかりやすいシンプルなテキストを選び、実験を先に行ってから理論を講義するなど、興味関心を引きやすい授業を心がけたのである。書物に頼らず実験を重視する科学教育は、欧米の教育界でも先進的とされたものであり、世界の趨勢とも合致していたという。

通訳下条魁郎

次に述べてみたいのが、クラークをめぐる日本人スタッフのことである。クラークには「学校御雇」の通訳として下条魁郎（順行・通玄）という青年が寄り添い、伝習所での授業を行っていた。宿舎でも同居していた。「下条氏は立派な紳士であった容姿端麗サッパリした衣裳に包まれ其しとやかな行動はチエスターフイールドを思はせる」（高橋邦太郎訳「勝安房」）と、クラークは彼を高く買っていた。科学の授業も下条の補助がないと複雑な説明ができなかったという。

不思議なことに、この下条魁郎は静岡藩士・旧幕臣ではない。彼は姫路藩の酒井家家臣であった。なぜ、姫路藩士であった下条が静岡にいたのか。

譜代藩である姫路藩の藩主酒井忠積《ただしげ》（閑亭）は、幕末に老中・大老を務めた人物であったが、鳥羽・伏見戦争の責任により、次の藩主になっていた弟忠惇《ただとし》（雅楽《うた》）とともに姫路を去り、徳川家の一家臣として静岡に移住、久能山御取締になった。思い切ったことをした酒井兄弟であるが、いくらなんでも藩主の地位にあった人が単身でやって来ることはありえない。世話をするためであろう、何名かの家臣がそれに随行し静岡に移り住んだのである。明治二年（一八六九）五月時点で駿府の町に仮寓した旧幕臣たちの氏名と住居を列記した「御入国御人数町宿帳」（『静岡市史　近代史料』）という史料には、「酒井閑亭家来」として数名の名前が記載されており、彼らが随行者であったらしい。下条もそのような関係から静岡に来ていたのか、クラークの来静を機にやって来たものと思われる。

ちなみに、先に弘前藩への御貸人として紹介した下条幸次郎は魁郎の弟である。彼も同様の理由で静岡に来ていたのであろう。幸次郎は静岡学問所五等教授を務めた後、東京大学予備門で教鞭を執ったほか、熊本・佐賀・宮城の中学校長や千葉・兵庫の視学官を歴任した。魁郎も長命であったならば弟と同じく英語教師として大成したであろう。魁郎は明治六年（一八七三）二十歳で亡くなっている。中村正直撰文の墓誌には「君生而聰明彊記耽嗜書史尤究心理科及政科」（『敬宇文集』巻六）とあり、秀才だったことがわかる。クラークも魁郎について、「今までに会った最も聰明な興味ある日本の青年で、わたしは兄弟のように愛するようになった」（飯田宏訳『日本滞在記』）と述べている。

クラークの補佐役

クラークは、「学校には、ただ一人の外人の管理の下に百人近くの生徒と、指導教授の日本人助手が五十名おり」（『日本滞在記』）と著書に記しており、伝習所の生徒数は一〇〇人近くであり、自分の他に日本人の助手が五〇人いたとする。一〇〇人近くという数は、開講当初の生徒数なのであろう。

伝習所では、クラークが作成した「課程表」が日本語で印刷され、カリキュラムが整えられた。印刷されたというこの課程表は発見されていないが、文部省への報告書にある学課・教則（『明治初期静岡県史料』第四巻所載）がそれにあたると考えられる。この報告書では、初級の生徒は約七〇人、中級の生徒は約二二〇人、上級の生徒は約二五人となっている。合計すると四〇〇人を超えるこの数は、先に紹介した静岡学問所の洋学生徒二五〇人、静岡小学校の洋学生徒二一〇人を足した数に近いが、伝習所の生徒には学問所・小学校の洋学生徒がそのまま横滑りしたものであると単純に考えてよいのであろうか。そもそも伝習所の生徒はどうやって選抜されたのであろうか。残念ながらこの点についてはっきり示した史料はない。

また、クラークの助手を務めた五〇人とは誰のことなのだろうか。「訳読」つまり日本語

表3　伝習所の学科表

上級生徒

<table>
<tr><th></th><th>8:00～9:00</th><th>9:00～10:00</th><th>10:00～11:00</th><th>11:00～12:00</th><th>14:00～15:30</th><th>19:00～21:00</th></tr>
<tr><td>月</td><td></td><td>文　典</td><td>万国史</td><td>地理書</td><td>化　学</td><td></td></tr>
<tr><td>火</td><td></td><td></td><td>窮理書</td><td>人体論</td><td>化　学</td><td></td></tr>
<tr><td>水</td><td></td><td>文　典</td><td colspan="2">作　文</td><td></td><td>窮理光線学</td></tr>
<tr><td>木</td><td></td><td></td><td>経済書</td><td>人体論</td><td>窮理学</td><td></td></tr>
<tr><td>金</td><td></td><td>算　術</td><td></td><td>幾何学</td><td>窮　理</td><td></td></tr>
</table>

中級生徒	文法、ウイルソン、地学、筆算
初級生徒	音学、階梯

『明治初期静岡県史料』第四巻より作成

での教育は従来の教官たちが担当したとする文献があることから（「静岡学校の沿革」）、静岡学問所の教授たちが五〇人の中に含まれたと推測できる。

　佐藤顕理が回想録に、「私は一年のうちに三クラス上がり、見まわすと級友は私より七歳から十歳年長でした。私はクラーク先生のクラスで通訳役さえ果たせました」（『サムライボーイ物語―佐藤顕理伝―』）と記しているように、実力本位で進級した生徒の中からも助手が選ばれたことがわかる。

　また、中村正直が撰文した芳賀可伝という人物の墓誌には、「会静岡学校聘米国人古羅克為理化学教師君来静岡寓余家亡何為教授兼訳官」（谷中霊園所在）、あるいは「会静岡学校聘米国人古羅克為理化学教師君擢為四等教授進三等兼訳官」（静岡学校がアメリカ人クラークを理化学教師として招聘した際、君は四等教授

クラークの訳官をつとめた沼津兵学校出身の芳賀可伝（芳賀久雄氏所蔵）

に抜擢され、後に三等教授に進み通訳を兼ねた）（『敬宇文集』巻四）とあり、彼が中村宅に住み、静岡の学校で四等（後三等）教授兼クラークの訳官を務めたことがわかる。芳賀は沼津兵学校第一期資業生だった人物であり、沼津から静岡へ移り、その職務に就いたことになる。同じく沼津兵学校の第二期資業生だった吉村幹は、明治四年（一八七一）十一月「静岡県学校英学教授並」に就任し、翌年九月山梨県の徽典館《きてんかん》英学教師に招かれるまで、「亜国教師ヱドワール氏」に従学したという（『山梨県教育百年史　第一巻　明治編』）。「ヱドワール氏」とはクラークのことであろう。静岡学問所の教師を務めながら、自身もクラークに学んだのである。ほかに、遊学先の横浜から戻りクラークを補佐した者として、杉山孫六・河田烋《よし》（熙・羆・烝の弟）らがいた。

このように、クラークの助手や通訳には、元静岡学問所教授連中のほかに、先に登場した下条魁郎も含め、新たに加わった者たちが多数いたと考えられる。

廃校へ

静岡学問所の終焉については、何となく霧に包まれたような感じであり、これまでの研究でもあまり明確にされてきたとはいえない。

そもそも静岡藩の藩校としての静岡学問所は、廃藩置県とともに消滅したと考えるべきであろうが、実際にはその後も学校は存続した。巻末に掲げた年表（170〜188ページ参照）からも、廃藩後も新たな教員人事が実施されていたことが判明し、依然として学校が続いた様子がうかがえよう。生徒の履歴書には、廃藩後の明治五年（一八七二）の記述でも「藩立小学校ニ入リテ四書素読及英語ヲ修ム」（根岸貫「履歴補遺」）などと記される場合があり、当時の人々の主観においては、たとえ藩がなくなったとしてもあくまで藩が建てた学校は存続していると見なされたようだ。本書でも、廃藩後についても広い意味での静岡学問所であるととらえ、叙述の対象とすることにした。

なお、同じ廃藩後に作成された履歴書でも、逆に、藩政時代の学校のことを「静岡県学校」となどと記す場合があり、藩と県の使い分けが正確になされていないことがある。巻末の年表では、あくまで典拠とした史料・文献の原文通りに記したので、廃藩前であっても県と記されている場合があるので、注意していただきたい。

さて、廃藩後の静岡学問所の動向について、巻末年表を見ていると改めて不思議な諸点があることに気付く。矛盾する資料があり、学問所廃止、伝習所廃止の時期が一定しないのである。ここでは学問所・伝習所の終末の過程を整理してみたい。

茂野衛という人物の履歴書には、五年四月静岡学校英学教諭心得を拝命したが、八月「御変正」によって免職となり、クラークのお雇いにともない十月には正則教諭として再任している（『東京教育史資料大系』第二巻）。クラークの赴任は五年四月以前なので、この記載は腑に落ちない面もあるが、五年八月に「御変正」、すなわち学問所の廃止があり、教授が一度免職となったことは間違いないだろう。所嘉満という人物の場合も、五年四月に就任した静岡学校英学教官の職務は八月で終わり、十月からはクラーク付きの教官に改めて任命されている（同前）。巻末の年表に掲げたように、他の人物の履歴書からも八月に教授の一斉差免があったらしいことが裏付けられる。結果的に茂野や所は、学問所の廃止によって伝習所の方へ転職したのである。ただし、学問所廃止の結果、何人の教師が免職となり、その内の何名が伝習所へ移ったのか、あるいはそれ以前において、学問所本体とは別に伝習所専任の日本人教員は何名存在したのかなどは一切わかっていない。

学問所の廃止については、五年八月二十二日「静岡学校被廃」と明記した史料がある（教授を務めた中村惟昌の履歴書、『東京教育史資料大系』第三巻所収）。また、旧藩士が記した日記の八月二十五日条に「河野氏□学校も大小共廃止ニ成リ教示方一同免職候由也」（「志村貞廉日記」）と記されており、廃校の日付がほぼ裏付けられる。クラークが危機を感じ、文部省に対し地方の学校振興を訴える建白書を提出したのは翌九月のことであった。

廃校は静岡の町にも大きな打撃となった。木村鐙子《とうこ》は在米の夫熊二《くまじ》に宛てた六年（一八七三）三月五日付書簡に、「昨冬頃より当地ニ限らす江戸より参り候人ハわれも〳〵と皆てんやわんやに東京江参る人のミニて」と記した。五年末頃から静岡を離れ上京していく者が続出したのである。六月七日付書簡には、「学校も昨今ハ追々さびれ」「クラアク先生ニもきのとくの様存まいらせ候とて、此学校長もちハいたし不申と存られ候」と記した。学校はだんだんとさびれ、とても長持ちしそうになく、クラークが気の毒であるというのである。

そして、六年九月九日付書簡で鐙子は、「いよ〳〵当地学校も半つぶれニ相成、よき人ハ不残東京江参られ、ミそかすのミ残り居候様ニ御座候」「誠ニ〳〵当地ハさミしく相成候」（いよいよ当地の学校は半分つぶれた状態になり、よい人は残らず東京へ行ってしまい、味噌っ滓《かす》ばかりが残っている。誠に当地はさびしくなってしまった）と記し、末期を迎えた学校の惨状を伝えた。なお、七月三日に伝習所が廃止されたとする文献があるが、クラークはまだ静岡におり、それは誤りであろう。

クラークや人見寧らは、伝習所の存続に消極的な静岡県庁に大きな憤懣を抱いており、それは勝海舟や山岡鉄舟を通じて中央の岩倉具視・大久保利通らにも伝わっていたとされる（山本幸規「静岡藩お雇い外国人教師E・W・クラーク」『キリスト教社会問題研究』第二十九号）。県のトップに他藩出身者が就いた当時、旧幕臣たちは静岡藩以来自ら推進してきた教育行政の実権を失っていた。その結果、人見や藤沼牧夫らが中心となり、あくまで私立という形をとり、伝習所の後身として、七年（一八七四）賤機舎《しずはたしゃ》が設立されることになる。賤機舎とその教師に就任したマクドナルドが残したものには小さからぬ教育成果があったが、もはや藩や県が後ろ楯となって設立・経営されてきた静岡学問所・伝習所と同列に論じることはできない。

クラークが静岡を去ったのは、六年（一八七三）十二月のことだった。

クラークの薫陶を受けた人々

クラークが生徒たちをキリスト教の信仰で感化する様子については、ある伝習所生徒の回想から引用しておきたい。

クラーク氏は、静岡在有名の寺院なる蓮永寺に寓居し、日曜日には、英学教員を集め、聖書を講義す。是れ即ち教師日曜学校なりしなり。思ふに斯く早くより此地に福音伝播の慶事ありしは公会史中特筆すべきことならむ、而して久能山中に眠れる徳川家康は、事の意外なるを知りて、迫害の水泡に帰せるを驚けるならむ。我家に早くより英漢の聖書あり、蓋し家兄が何処よりか得たるものならむ。余時々之を繙けり、是以てクラーク氏の日曜講義には、常に出席せり、而して教員中最も熱心にして、且教員等を激励して出席せしめたるは、我師中村敬宇先生なり。道徳界の一大明星の称ある先生にして此熱心あり感すべきことならずや。余嘗て先生の使用せる小遣帳を見たるに、表紙に千八百何年の文字あるを見たり。然れは同人社のアーメン先生と云はれたる程なり。（島田弟丸「三十年前の回顧」『基督教週報』第三六番第一号、大正六年九月七日）

クラークが主催した日曜毎《ごと》の聖書講義に英学教員がこぞって出席したこと、中でも中村正直が最も熱心であったことがわかる。これには教員だけが対象だったように記されているが、実際は生徒からも参加者があった。島田弟丸《おとまる》は、伝習所に学んだ生徒の一人であり、静岡でキリスト教に接したことがきっかけとなり、明治七年（一八七四）に受洗、やがて日本聖公会（イギリス国教会）の牧師となっている。文中に登場する聖書を所持していた「家兄」とは、弘前藩への御貸人となった学問所五等教授島田豊のことである。

クラークに感化され、さらにその後任マクドナルドから明治七年以降に洗礼を受け、カナダ・メソジスト教会の静岡教会を形成することになった旧幕臣たちの一団は、「静岡バンド」と呼ばれる。沼津に赴任したマクドナルドの同僚宣教師ミーチャムによって信仰に導かれた江原素六、同じく東京赴任のカクランから受洗した中村正直らについても広い意味での静岡バンドに含めることができるだろう。

しかし、島田弟丸のように、同じクラークの薫陶を受けた者であっても、別の宗派に入信した人々も存在したのである。他に、バラから受洗し「横浜バンド」に含められるべき杉山孫六・竹尾忠男、南美以《みい》教会（アメリカ南メソジスト教会）に属した坂湛《たたう》らが挙げられる。クラークとの接触はなかったがクリスチャンになった者としては、留学先のアメリカで神学校に入った田村初太郎・木村熊二らがいる。いずれも静岡学問所の教授や生徒だった人々である。

もちろん、キリスト教抜きで、クラークの学問・教育の影響を受けた者の存在も見落とせない。先に名前を出した伴徳政がその代表であり、『初学物理書』（明治十八年）、『化学問答』（十九年）、『中等化学教科書』（三十一年）、『物理学理論解説』（三十六年）といった著作を持ち、静岡時代にクラークから学んだ化学・物理や英語を直接生かしてその後の人生を歩んだのである。

勉学の継続

静岡学問所で生徒として学んでいた者の何割かは、廃校後、あるいはそれ以前に転学し、別の教育機関に入り、勉学を続けることになった。具体例を列挙すれば以下の通りである。

下山管参郎　明治二年七月から四年一月静岡県学校で修学、四年二月から九月乙骨太郎乙に従学→四年十月から七年四月共立学舎で修学
長坂辰　明治四年二月から静岡学校で修業→五年八月正院十等出仕小宮山弘道に従学
田口思順　明治四年四月から五年二月静岡学校桜井捨吉に数学修業→五年二月から東京の菁莪学舎で数学修業
金谷昭　明治五年一月から六年二月静岡学校クラークに従学→六年四月から十二月同人社の中村正直に従学
榛沢昆正　明治三年十月から五年六月静岡学校教授方桜井捨吉に従学→六年五月から東京

　　の福田半家塾で修業
加藤鐵太郎　明治三年から四年静岡学校で修学↓七年から十年東京で上野清に従学
坂鉉　明治五年十月から静岡英学校で修学↓八年二月まで同人社で修学、八年三月から十
　一年十二月までカラゾルス、ワデルに従学
鈴木道隆　明治二年二月から名村五八郎に従学、三年？九月からクラークに従学、五年静
　岡英学校教授方就任↓七年同人社で修業
下山寛一郎　静岡小学校に入学↓明治三年上京、五年共立学校で修学、十二年大学予備門
　に入学、二十二年文科大学史学科卒業

ここに挙げた例では、東京に出て私塾に入った者が多い。英学を学んでいた者は外国人宣教師に就き、数学を学んでいた者は東京の数学塾に入った。同じ私塾でも、より有名で大規模な慶応義塾に入った平賀敏・宮崎駿児・石渡敏一《びんいち》らのような人物もいる。中村正直の同人社に入った例は、静岡を去った恩師を追いかけたものといえる。いずれにせよ、静岡時代に学んだ知識・能力を上京後にはさらに向上させようとしたのである。

学問所ではなく小学校で学んでいた下山寛一郎のような年少者の場合、廃校後の転学ではないが、私立の共立学校を経て大学予備門に進み、東京大学に入るといったコースを採った。

彼にとって静岡小学校は、少年時代のわずかな期間を過ごした場所にすぎないが、最高学府に進むための最初のステップであったことは間違いない。

東京大学への進学者には、他に石渡敏一（一八五九〜一九三七）や今井信郎の弟今井省三（一八五四〜一九二二）がいる。また、織田顕次郎と田寺鐘一の二人は、クラークとともに上京し開成学校に編入されたというので（『平岩愃保伝』）、当然、伝習所の生徒だったのだろう。

開成学校・東京大学に比肩する官立学校に進学した静岡学問所生徒出身者としては、工部大学校（後の東京大学工学部）に進んだ三好晋六郎（一八五七〜一九一〇）、二宮正（一八五四〜?）、坂湛（一八五五〜一九三一）、海軍兵学寮に進んだ宮原二郎（一八五八〜一九一八）、東京外国語学校に入った野口保興（一八六〇〜一九四三）らがいる。この中には、海外へ留学したり、博士の学位を得た者もいる。

クラークは将軍最後の戦いで沈没した軍艦の艦長の息子と静岡で同居したというが（『日本滞在記』）、その息子とは宮古湾海戦で戦死した甲賀源吾の遺児で、クラーク邸に寄宿し英語を学び、やがて東京大学で化学を専攻した工学博士甲《こう》賀《が》宜政《よしまさ》のことであろう。彼も先の仲間に含めてもよいだろう。

三好晋六郎（『造船協会四十年史』より）

宮原二郎（『造船協会会報』より）

三好晋六郎は、「今ヤ時世一変家ニ奉禄ノ典ナシト雖トモ朝ニ栄進ノ道アリ以テ昔時ノ夢想ヲ一洗シ処世ノ法ヲ講セサル可カラス」（今や時世が一変し家禄がなくなってしまった、しかし官職に就いて栄達する道はあるので、昔の夢を追うことはやめ、処世の方法を講ずるべきだ）との父の言葉に奮起し、上京・進学したという（『日本博士伝』）。廃藩は幕府瓦解に続く大変動の第二弾であり、個々人の身の振り方については前回以上に自己責任を伴う判断が求められた。それは、継続か断絶か、転進か残留かなど、いまだ勉学の途次にあった彼らにとってもさらなる決意を促す転機だったのである。

出身者たちのその後

『東海三州の人物』（大正三年刊、静岡民友新聞社）は、「静岡藩学校の人材」として後に各界で活躍した多くの静岡学問所出身者を紹介している。その内、生徒の出身者としては、宮原二郎、石渡敏一、平山成信、野口保興、坂湛、佐藤顕理が挙がっている。「五十年前の回顧」（『同方会誌』第四十四号、大正六年刊）には、「無慮三百余名」いた生徒のうち名前が出されているのは、目賀田種太郎、平山成信、中島雄、大森鐘一、蜂屋定憲《さだのり》、池田忠一、二宮正、大谷木広、三好晋六郎、松田定久、小田切英、太田資行《すけゆき》、田原勤らである。同じく「静岡学校の沿革」（『同方会誌』第四十五号、大正六年刊）には、露木精一、山中笑、鈴木道隆、西山義行、小倉鋲吉、中山峯吉、村松一らの名前が挙がっている。

しかし、二一〇数人いた資業生の名前がほぼ判明している沼津兵学校に比べ、小学校を含めれば二〇〇〇人を超える生徒がいたはずである静岡学問所のほうは、生徒の氏名判明者は実に少ない。当時の一次史料が残存していないこともさることながら、沼津兵学校出身者のように、後年同窓会を開き名簿を整えるといったことがなかったためであろう。旧幕臣の親睦団体である同方会が発行した雑誌『同方会誌』には、熱心な出身者によって「沼津兵学校沿革」などの記事が連載されたが、静岡学問所に関してはそれに比肩する記事は載らなかった。先に引いた「五十年前の回顧」の筆者は、出身者が「四方に離散し今や其踪跡生死さへ知る由なきは実に遺憾の限り」であると記している。

旧幕臣として歴史資料の収集や親睦活動に参加した名士として、大正期に雑誌『江戸』を発行した江戸旧事采訪会の首唱者となった平山成信がいるが、彼自身が静岡学問所に関する資料等を集成するには至らなかった。同窓会をつくって同窓生たちがまとまるにしても、静岡学問所は規模が大きすぎたのかもしれない。

地域に残った人々

東京に戻り、新政府の中で官吏や教師として活躍した者、あるいは民間にあって成功した者に対し、廃藩・廃校後も静岡の地に踏みとどまり、地域に足跡を残した者も少なくない。教授の場合、洋学者よりも漢学者にその割合が高い。文明開化の時代、洋学系の人材には中央での活躍の場が用意されていたが、漢学系の人物の場合、必ずしもそうではなかったからである。

静岡学問所の生徒から漢学担当の助手になった前歴をもつ蜂屋定憲は、静岡県の官吏として長く教育行政に携わり、学務課長、師範学校長、師範学校・中学校監理、静岡育英会地方幹事、静岡県私立教育会会長などを歴任した（『岳陽名士伝』）。県官吏や郡長などを経て初代の静岡市長となった星野鉄太郎も静岡学問所漢学世話心得や学問所調役の経験者であった（『岳陽名士伝』）。

元二等教授浦野鋭翁は、学問所廃校後は修来学舎という私塾を開き、明治六年（一八七三）二月にはそれを公立小学緝明舎とした。さらにその後も濠頭小学校長や静岡師範学校・静岡中学校国漢教師を務めている。一等教授望月綱（毅軒）は、同年三月、静岡本通の西教寺内に晃淑学舎を設け、後に静修舎という公立小学校とした。同校には元学問所教授堀田鑑も勤めた。

明治八年（一八七五）以来榛原郡金谷町（島田市）の小学校教師を長く務めた元学問所五等教授山菅恒は、「常に我が町に在りて子弟の訓育に尽瘁し一郷の師表たり」（『金谷町誌中』）と評された。勧誘社という演説結社の社長となり民権運動にも一役買っている。

駿東郡北郷村（現 小山町）の小学校教師となった元学問所四等教授木村蒙は、「唯人才を養うのみ」と自らの使命を貫き、明治二十四年（一八九一）同地で生涯を終えた。三十二年（一八九九）彼を慕った教え子たちによって勝海舟が揮毫した題額による遺徳碑が建てられ

木村蒙の遺徳碑（小山町立北郷小学校）

た（『駿東教育史』）。

やはり、明治六年（一八七三）以来、富士郡加島村（富士市）で小学校教育に従事した元学問所四等教授深井譲は三十八年（一九〇五）に死去したが、同村会では哀悼の意を決議し、他県の中学校に招聘されても応じず、村の一小学校教師として生涯を捧げた彼の篤実至誠を讃えた（『静岡県教育史通史篇』上巻）。先の山菅恒と同じく自由民権運動にもかかわり、同じ静岡学問所教授出身の島田豊（主善）・池田忠一・布施譲・蜂屋定憲らとともに十二年（一八七九）結成の静岡県最初の演説結社、参同社の社員となっている。

ほかに地域に足跡を残した静岡学問所の漢学者には、静岡在小鹿《おしか》村で三余堂義塾という私塾を開いた長谷部旅翁（『東豊田郷土誌』）、師範学校・中学校で教鞭をとった芹沢潜らがいる。「教育ヲ以テ村里ノ為メニ尽サント」した長谷部の塾には、「干天ニ順雨ヲ得タル」ように歓喜して入塾する者が群れをなしたという（「豊田村誌」）。先に、学制による小学校創設に際し、漢学者の多くが教師を辞めていったと記したが、実際には私塾で教鞭を執ったほか、公立学校の教師を続けた者も少なくなかったわけである。

　なお、小学校卒業者の補習や教員の学力向上のため、明治九年（一八七六）榛原郡池新田村に設立された私立の協和学舎では、静岡学問所の元教授石野正修が漢学科教師、元生徒宮崎駿児が英語科教師を務めた（大正二年九月編「池新田村誌」）。学問所仏学教授だった生島閑《いくしましずか》は足柄県下伊豆国賀茂郡江奈村（松崎町）の謹中学舎という小学校で一時教鞭を執った。しかし、彼らのような洋学系教師が地元に残ることは稀であり、その定着率も低かった。

深井譲（『静岡県議会史』第一巻より）

　以上紹介した静岡の本校関係者のみならず、藩内各所の小学校で教鞭をとった者たちの中にも、廃藩後は地域社会に溶け込み、教育に尽くした人物は少なくなかった。

掛川聚学所の教授だった永井三蔵（東陵）は、その後、藤枝で育英校と称する私塾を開き、明治四十二年（一九〇九）八十八歳で亡くなるまで多くの人材を育てた。その墓誌に、教育者としての役割は中央で活躍した中村正直・福沢諭吉にも決してひけを取るものではないと記された（『蓮舟遺稿』）。同じく掛川で教えた足立栄造は、廃藩後も掛川・久能・見付・山梨などで小学校訓導を続けたほか、可睡斎中学林普通科の教員などを務めている。「漢籍を学ぶと雖も心は泰西の自主自由の説を尊奉」（漢籍を学ぶといえども心はヨーロッパの自主自由の説を奉じた）したという（『静岡県現住者人物一覧』）。

遠州榛原郡西山寺村（御前崎市）に移住し、相良小学校教授方を務めた矢村宣昭（愛太郎）は、廃藩後は相良・見付等の小学校長を経て上京したが、三十三年（一九〇〇）遠州に戻り再び子弟の教育に携わった。おもしろいのは、矢村が廃藩直後の明治五年（一八七二）村人たちのために開いた矢村塾寮とか郷里学舎と称する私塾の規則書（浜岡町立図書館『萩原文庫目録』所収）である。塾生を初級から一・二・三級の四段階に分けたカリキュラムをはじめ、条文の中には明らかに「静岡藩小学校掟書」をモデルにしたらしい形跡が認められる。

清水小学所は明治五年一月に廃止されたが、士族有志による私立の形で存続する。清水小学所教授手伝だった金子徴は、その後も地域にとどまり、明徳館、駒越小学校、東有渡小学校、巴高等小学校、不二見北小学校などの小学校で訓導・校長を歴任した。

遠州の上ノ原修行所（文学所とも）は、五年三月、藩校時代の教師と思われる士族有志らによって浜松県から校舎が借用され、教育活動が継続、後には学制に基づく小学校へと橋渡しされていった（『湖西の教育百年のあゆみ』）。

藩庁所在地だけに藩士が集住せず、各所に散在したという静岡藩の特性によって、廃藩後にも「点」ではなく「面」的な広がりをもって遺産が残されたのである。

地域に残った老漢学者たちのことを「郷先生」と呼んだ山路愛山は、彼らに学んだ少年たちが「有為の気象を鼓舞せられ、其敗軍の将の子たるを忘れ、其降服国の運命を有することを忘れ、未来を楽みつゝ学問に余念なからし」（維新に敗れた幕臣の子であることを忘れさせ、未来を信じて学問に専念させてくれた）めたと評価した（『山路愛山　人生・命耶罪耶』）。このような形で静岡藩校の影響は後に続く世代にも及ぶことになった。

著作にみる活躍

静岡学問所の教授・生徒の出身者には、自身の著作を持つ者が少なくない。それも彼らのその後の活躍ぶりを示す事象である。表4は、そのうち、英語・フランス語・ドイツ語・オランダ語からの翻訳書や教科書・辞書などの編著書を一覧にしたものである。ただし、すべてを網羅したものではなく、あくまで主要なものに限る。

それでもこの表からは、旧幕時代から静岡での修学を経て獲得された外国語の語学力を武器に多くの者が翻訳や著作に取り組み、自著を刊行していったことがわかる。静岡藩時代に刊行が始まったベストセラー、中村正直訳『西国立志編』は別格として、出身者の多くが静岡を離れた後、中央において何らかの書物を刊行する機会に恵まれたのである。公務として著作に従事し勤務する官庁が発行元になった本もあれば、あくまで個人の立場で執筆・刊行した書籍もある。

語学の分野では教科書・参考書もあれば、辞書もある。翻訳の場合は、修身、歴史、法律、経済、数学、物理、農業など多様な分野にわたっており、あらゆる面で当時の日本においては欧米の情報が渇望されていたことの一端がうかがえよう。文明開化という現象そのものを反映して、それらのほとんどは、専門書、学術書というよりも、欧米の新知識を日本人に知

表４　静岡学問所出身者による外国語教科書・辞書・翻訳書

英 語	中村正直『西国立志編』（明治４）・『自由之理』（５）・『共和政治』（６）・『西国童子鑑』（６）・『西洋品行論』（11～12）・『西洋節用論』（19）、外山正一『社会学之原理』（18）・『英語教授法』（30）、乙骨太郎乙『味氏教育論』（18）、堀越愛国『近世西史綱紀』（4～10）・『百科全書経済論』（７）・『百科全書国民統計学』（８）、繭鑑『地質学』（５）・『百科全書北欧鬼神誌』（11）、島田豊『英文手引草』（18）・『英語玉手箱』（20）・『和訳英字彙』（21）、島田豊・島田弟丸『英和応用会話指針』（30）・『学生用和英字典』（33）、曽谷言成『拿破倫詳伝』（11）、田村初太郎『英語綴字書』（20）、目賀田種太郎『私訴犯法』（16）、秋山政篤『社会済生新論』（17）、小宮山弘道『格物全書』（10～11）・『奎氏学校管理法』（21）、田沢昌永・山本正至『筆算題叢』（8～16）・『代数学初歩』（８）、宮崎駿児『修身教訓』（13）、中島雄『致富新論訳解』（８）・『清魯関繋論』（14）、伴徳政『初学物理書』（18）・『英語学新法』（22）、西山義行『ウイルソン氏第二リードル独案内』（16）・『万国史直訳』（19）、西山義行・露木精一『英和袖珍字彙』（17）、佐藤顕理『実用英語学初歩』（20）・『英語発音解』（21）・『英語研究法』（35）、田原徹『註釈克來貌公小伝直訳』（22）、金谷昭『古代商業史』（16）・『応用銀行学』（18）・『哲理銀行論』（23）、茂野衛『ニューナショナルリーダー独案内１』（35）
フランス語	田中弘義『和仏辞書』（明治21）、織田信義・田中旭『和仏辞書』（32）、長田銈太郎『初学経済問答』（20）、日下寿『財政約説抄訳』（11）、成島謙吉『学業捷径』（８）、小野清照『統計論』（16～20）・『仏蘭西学独案内』（17）、大森鐘一『経済学講義　第四号』（９）・『仏国県会纂法』（12）・『仏国地方分権法』（11）、平山成信『仏蘭西法律問答』（９）、野口保興『小学校教員心得』（18）・『近世幾何学』（27）
ドイツ語	近藤鎮三『母親の心得』（明治８）、杉山親『養蚕説』（７）・『牧羊説』（15）、杉山親・吉見義次『農学提要』（７）、中川和明・杉山親『画図普仏戦争日誌』（６）
オランダ語	津田真道『泰西国法論』（明治元）・『表記提綱』（７）

（　）内は刊行年

河田羆（『歴史地理』第八巻第一号より）

らしめる目的をもった、入門的、啓蒙的な書籍である。外国語の主流だった、英語関係、英語からの翻訳書が最も多いのは当然であるが、フランス語関係も決して少ないわけではなく、横浜語学所以来の人材が流れ込んだ静岡学問所の特徴を表している。ドイツ語からの翻訳書のうち、『画図普仏戦争日誌』と『農学提要』は静岡の書店から刊行されており、学問所が地域に残した余波といえる。

なお、この表には含めなかったが、漢学系、国学系の人物にも著作はある。浦野鋭翁のように、静岡県内の書店から自著を多数刊行した漢学系教育者もいた。漢学者から地理学者への道を歩んだ河田羆《たけし》（柳荘）も多くの著作を持つが、西欧近代地理学の方法を摂取した彼の学問は、「地誌叙述における近世と近代の橋渡しの役割」（島津俊之「河田羆の地理思想と実践」）を果たしたものとされる。

7　エピローグ

後進を育てるために

明治十五年（一八八二）一月二十日、静岡県会に対し一つの建言書が提出された。その内容は、県として優れた人材を育成すべく、県下中学校卒業生から東京の高等専門学校へ進学する学生を毎年五人ほど選抜し、学費を補助してはどうかというものであった。提出者は大森鐘一《しょういち》（参事院議官補）と中村秋香《あきか》（内務省御用掛）。ともに旧幕臣であり、明治初年には静岡学問所に在職した経歴を持つ。

この建言を受け、県会では議員たちが議論を繰り返したが、税金を使って一部の学生を援助することの是非などが争われ、結局、採択には至らなかったようである。この件を報じた地元紙『函右日報』には、明治初年に移住した旧幕臣のうち、優れた者の多くは東京へ去り、先祖代々の墳墓も東京にあり、親戚・友人も東京にいる者がほとんどであり、「静岡県士族」を名乗っていてもそれは肩書だけに過ぎない。当然、彼らには「静岡県ノ盛衰ヲ心配スル気遣ヒ」はなく、期待することはできない。それに対し、大森・中村の二人は、同じ旧幕臣であっても駿府勤番だった家の出身者であり、他の「腰掛士族」、すなわち肩書だけの静岡県士族とは違う。心からの愛郷精神からする今回の建言に対しては大いに賛成するとの意見が載った。

それがきっかけとなったのかもしれない、明治十八年（一八八五）七月には、旧幕臣子弟の進学を援助するため、静岡育英会という団体が創立されることになった。三年前の新聞で「腰掛士族」、「名ばかりの静岡県士族」と批判された、東京に去って久しい旧幕臣名士たちの多くがこの会の発起人や役員になった。静岡学問所の元教授・生徒でいえば、中村正直、外山正一、長田銈太郎、平山成信、三好晋六郎らである。いち早く上京し、明治政府に入って立身出世を成し遂げた彼らであったが、決して静岡のことを忘れたわけではなかった。静岡に取り残された士族には、貧窮のため子弟を進学させられない者もおり、その救済が必要であることを認識していたのである。

静岡育英会と駿州学友会

静岡育英会が組織された理由には、かつての賊軍意識も薄れ、自由民権運動などを背景に薩長藩閥政府を客観視する余裕が生まれ、親睦や相互扶助を目的に東京や静岡で旧幕臣たちの再結集の動きが堂々と見られるようになったことなどもあるだろう。

明治二十三年（一八九〇）の静岡育英会の会員名簿には、静岡学問所の教授・生徒出身者としては、中村正直、外山正一、乙骨太郎乙、浦野鋭翁、田村初太郎、竹村本五郎、大森鐘一、蜂屋定憲、桜井當道、平山成信、三好晋六郎、小田切英、鈴木正錬らの名前が見える。近代的な学校教育の恩恵というものを被った最初の世代ともいえる彼らが、郷里の後身のために協力するのは当然だったのだろう。

平山成信は、榎本武揚・赤松則良の後を受け、大正六年（一九一七）から昭和四年（一九

大森鐘一（『駿州学友会雑誌』第八号より）

平山成信（『昨夢録』より）

二九）まで静岡育英会会長をつとめた。平山会長時代には、奨学金貸与の対象を旧幕臣の子弟限定から静岡県人一般へ拡大し、官費学校入学者以外の官公私立学校生徒をも含めるようにした。大正九年（一九二〇）には明徳寮という寄宿舎を東京に開設したほか、静岡県に支部を置き知事を支部長に嘱託した。同十一年（一九二二）には会を財団法人とし、総裁である徳川家達とともにしばしば静岡県に出張し、各地を遊説、基本金の充実に力を注いだ（山崎覚次郎「故平山会長追憶」『財団法人静岡育英会会報』第七号）。

一方、大森鐘一は、在京の静岡県出身学生の親睦団体として大正九年（一九二〇）に設立された駿州学友会の初代会長を務めた。彼は、学生の寄宿寮である駿河寮が東京に建設された際、単に安い費用で同県人が一緒に生活でき便利であるというのみならず、「吉田松蔭の松下村塾《しょうかそんじゅく》とか、福沢諭吉の慶応義塾とかいったような立派な塾風を養成して、あの寮に居れば自分の子弟も安心であると、故郷の父老を喜び懐かしめるような寄宿舎にしたいものだ」と語ったという（柳瀬薫「故大森先生を憶ふ」『駿州学友会雑誌』第八号）。静岡学問所時代の大森は自宅通学だったからだろうか、学問所寄宿寮のことに言及していないのは残念だが、若き日に静岡学問所で受けた感化は、松下村塾や慶応義塾のそれにも決して劣らないものだったはずであり、故郷の後進たちに指し示したい自らの原点として位置づけていたであろう。

明治二十八年（一八九五）に誕生した旧幕臣の親睦団体である同方会には、外山正一、大森鐘一、池田忠一、平山成信、石渡敏一、三好晋六郎、平賀敏、松田定久、小田切英、太田資行、甲賀宜政らの名前が会員名簿中に見える。また、明治四十四年（一九一一）設立の、同じく旧幕臣（御三卿家臣を含む）の親睦団体である葵会については、大森鐘一・平山成信・石渡敏一が評議員になっていたほか、会員には織田信義、目賀田種太郎、伴徳政、野口保興、平賀敏、太田資行、小田切英、甲賀宜政らが加わっていた（大正九年『葵会会則並名簿』）。功成り名遂げた明治・大正期の旧幕臣たちの中で静岡学問所の出身者は、沼津兵学校出身者と並び、大きな比重を占めていた。会費を納め、定期的に会合し、仲間同士で懐旧を温めるためには、「没落士族」ではなく一定程度の成功者であることが条件だったわけであり、両校の出身者にはそれが多かったのである。

外山正一の叱咤激励

明治三十二年（一八九九）九月三日、浜松で行われた静岡県教育協会の大会で、文部大臣外山正一は「静岡県人の教育熱如何」と題する講演を行い、県民を叱咤激励した。明治初年には静岡学問所の若き教授であった外山も、すでに五十歳を越えていた。

講演の趣旨は以下のようなものであった。古今東西、教育による人材育成が国家の富強を左右するものであることは言うまでもない。日本においては、維新の元勲を挙げればわかるように、学問・教育の力を最大限に利用し大事業を成功させたのは山口県人、長州人である。幕末維新時のみならず、山口県の教育熱は現在でも「海内無双」なものであり、義務教育の就学率、中学校・高等学校・大学への進学者数・進学率のどれをとっても全国トップクラスにある。それにひきかえ静岡県は、義務教育就学率は平均の少し上、中学校生徒数は四七府県中二八位、高等学校生徒数はわずか六八人で、山口県の二〇一人にははるかに及ばない。大学の生徒数も六九名であり、府県平均よりは高いものの、山口県の一三一人には敵わない。「今日は競争資格を備へて居るものでなければ今日の競争場裏に立つて優勝劣敗の作用に於て主動者たる事は出来ない」のであり、各府県は競って教育事業を拡張しなければならない。長州を藩閥であると攻撃するだけではダメで、それに負けないような教育戦略を立て対抗していくべきである。現在、静岡県では愛知県との間で高等学校誘致合戦を行っているが、そのような姑息な手段に頼るのではなく、高等学校など自力で設置してしまうくらいの意気込みが必要である（『、山存稿』）。外山が持ち上げた山口高等学校は、長州閥の政府要人と旧

1989 年建立の静岡学問所之碑（静岡市追手町）

藩主毛利家の強力なバックアップのもと、独自な制度と明確な目標をもって生み育てられた進学校であった（永添祥多『長州閥の教育戦略』、二〇〇六年、九州大学出版会）。

「教育システムが認証した人を社会も認証するべきだという教育支配（ペタゴクラシー）の元祖イデオローグ」「学校制度に拾われ加護を受けたがゆえの学校制度への忠誠者」（竹内洋『学歴貴族の栄光と挫折』）であった外山は、文部大臣という立場上から教育熱を煽る発言はどこの府県に対しても行っていたが、かつて幕府や静岡藩に籍を置いた者として、浜松での講演には格別な思いが込められていたと想像される。翌年外山は亡くなり、この講演は静岡県民への遺言となった。

外山が講演した当時、明治国家を支える人材の淵叢《えんそう》であった静岡学問所や沼津兵学校の栄光は、すでに静岡県には残されていなかった。静岡市に旧制高等学校ができたのは大正十一年（一九二二）のことである。

教育の近代化が行き着いた先は、今日まで続く受験戦争や学歴社会であったかもしれない。しかし、その出発点に位置した静岡学問所の人材たちに見えたのは、輝かしい未来だけであった。親の経済格差が子どもの教育レベルに直結し、次世代にも格差を再生産していくという弊害が指摘されている昨今とは違い、教育の力こそが身分や貧富の差を打破できるものであると信じられていたのである。

静岡学問所の教授・職員一覧

役職（担当）	氏名	生没年	幕府時代の履歴	廃藩後の履歴
御書学御師範	木村市左衛門（二梅・凝之・香坪）			
和学御師範→御住居御雇御事蹟取調	中坊陽之助（広胖）	?〜明治6・1・8　51歳	学問所世話心得頭取、和学所御用筋兼勤	
二等格学問御用取扱	杉亨二	文政11・10・10〜大正6・12・4	開成所教授並	太政官統計院大書記官
同右	東条礼蔵（英庵・栄庵・静軒）	文政4〜明治8・7・17	長州藩士、開成所教授職	
同右	名村元度（五八郎）	文政9・3〜明治9・1・18	外国奉行支配通弁御用頭取	工部省七等出仕、開拓使六等出仕
同右	田中弘義（周太郎）	弘化4・9・1〜明治21・12・5	横浜語学所生徒、横須賀製鉄所機械方	陸軍幼年学校・士官学校教官
三等教授	越栄之助			

五等教授	布施譲（金弥・正成）	天保13〜？	駿府勤番、明新館頭取	静岡県第四十区戸長、第三大区区長、福井県大書記官
教授世話心得	新見史雄（郁三郎・正典・旗山・相模守）	？〜明治23・9・26 57歳	小納戸・小姓	地誌課御用掛
同右	星野鉄太郎	天保8・12〜明治42・4・10	駿府町奉行与力助並	富士郡長、有渡安倍郡長、静岡市長
学問所調役	若泉八郎（次郎？）		林大学頭他手附御実記調御用出役	
同右	中村秋香（小周次）	天保12・9・29〜明治43・1・29	駿府明新館生徒	女子高等師範学校教諭
学問所調役下役	鷲山省内			
二等教授（英学）	堀越愛国（亀之助・英之助・五郎乙）	天保6〜大正10・9・	開成所教授方出役	文部大助教、大学少博士
四等教授（独学）	松波升次郎		開成所独乙学教授手伝並出役	

静岡学問所の教授・職員一覧

四等教授（英学）	田村初太郎	嘉永5・8・15～大正4・5・21	開成所教授手伝	梅花女学校長、平安女学院長
五等教授（英学）	秋山銈三郎（泰・政篤？）		開成所蘭学教授手伝出役	文部少助教
五等教授（英学）	春田直温（与八郎）		開成所教授手伝並出役	
五等教授（仏学）	織田信義（矯之・矯之助）		横浜語学所生徒	陸軍教授
世話心得（英学）	渡辺春太郎		昌平黌生徒	
権大参事・学校掛	服部常純（綾雄）	文化12～明治12・3・24	長崎奉行、勘定奉行、若年寄	静岡県七等出仕、左院出仕
学問所頭→少参事・学校掛	津田真道（真一郎）	文政12・6・25～明治36・9・3	開成所教授手伝並出役、オランダ留学生	元老院議官、貴族院議員、男爵
学問所頭→少参事・学校掛	向山黄村（栄五郎・隼人正）	文政9・1・13～明治30・8・12	昌平黌学問吟味甲科及第、外国奉行	晩翠吟社社主
少参事・学校掛	河田熙（貫之助・貫堂）	天保6～明治33・3・11	外国奉行支配組頭、大目付	徳川家家扶

一等教授（漢学）	中村正直（敬助・敬太郎）	天保3・5・26～明治24・6・7	御儒者、幕府イギリス留学生	東京大学教授、女子高等師範学校長
二等教授→一等教授（漢学）	望月綱（万一郎・毅軒）	文政元・11・15～明治11・1125	学問所教授方出役、儒者勤番、儒者勤方見習	修史局地理課一等編修
二等格学問御用取扱→一等教授（英学）	外山正一（捨八）	嘉永元・9・27～明治33・3・8	開成所教授手伝出役、幕府イギリス留学生	東京帝国大学総長、文部大臣、文学博士
二等教授（漢学）	宮原木石（寿三郎・胤寿・久卿・千葉圭助）	文政10～明治22・4	蕃書調所教授方手伝並出役	静岡天神原で塾経営
二等教授（仏学）	長田銈太郎（銈之助）	嘉永2・7・27～明治22・3・31	歩兵差図役頭取勤方、開成所頭取	宮内書記官、内務省参事官
三等教授→二等教授（漢学）	長谷部甚弥（旅翁）	文化4～明治16・1・18	徽典館学頭、学問所教授方頭取勤方	静岡在小鹿村で私塾経営
三等教授→二等教授（漢学）	浦野鋭翁（金三郎・鏞之進・鋭一郎）	文政10・1～明治32・2・25	甲府徽典館学頭、学問所教授方頭取	静岡尋常中学校二等教諭

静岡学問所の教授・職員一覧

三等教授→二等教授（漢学）	河田羆（新藤羆男・熊之丞・柳荘）	天保13・9・7～大正9・1・4	昌平黌生徒、外国奉行支配調役出役	内務省地理寮七等出仕、帝国大学文科大学書記
四等教授→三等教授（英学）	杉徳次郎	嘉永3～?	開成所英学世話心得、幕府イギリス留学生	
四等教授→三等教授（英学）	岩佐敬重（源二）	弘化2～?	幕府イギリス留学生	司法省出仕
三等教授（蘭学）	杉山親（三八・安親）	?～明治27	開成所教授手伝出役	太政官会計部七等属
三等教授（漢学）	大島文（文次郎）	?～明治12・9	学問所教授方出役、麹町教授所学頭	印旛県教員、東京開成学校国書教員
四等教授→三等教授（漢学）	芹沢潜（孝之助・潜蔵・随軒）	文政7・8～明治38・12・11	学問所教授方手伝出役、徽典館学頭	静岡中学校教諭
三等教授（漢学）	宮崎立元（愚・水石）	文政11～明治8・2・12	医学館教授・世話役	文部省出仕
五等教授→三等教授（漢学）	小田切綱一郎（菱港）	～明治12・8・8　51歳	外国奉行支配調役並	
三等教授（和学）	三田葆光（伊衛門・喜六・箕麓）	文政8・6・21～明治40・10・17	外国奉行支配組頭	東京女子師範学校教諭

四等教授（漢学）	三浦謙（小太郎・八郎左衛門）			
四等教授（漢学）	杉浦譲（愛蔵）	天保6・9・25～明治10・8・22	外国奉行支配組頭勤方	内務大書記官・地理局長
四等教授（仏学）	神原操（錦之丞）		横浜語学所生徒、幕府フランス留学生	陸軍省十三等出仕
四等教授（仏学）	小出一（庸之助・涌之助・有秀？）	?～明治43・12・28	横浜語学所生徒、幕府フランス留学生	司法省文書課長
五等教授→四等教授（漢学）	岡田深蔵（主税・俊廸）	天保14～明治3・5・9	学問所教授方手伝並出役・駿府明新館学頭	
五等教授→四等教授（漢学）	深井譲（富山譲助・譲平・柳村）	天保8～明治38・12・20	甲府徽典館学頭、日光学問所学頭	加島小学校長（富士郡）、静岡県会議員
四等教授→三等教授（漢学）	長信順（六三郎）	?～明治9・10	学問吟味甲科及第、開成所翻訳筆記方出役	内務省勧業寮十二等出仕
五等→四等→三等教授（漢学）	安間潔（藤之助・藤太郎・覚太郎）		昌平黌学問吟味甲科及第	島田学校教師、君沢田方郡書記

四等教授	小野清照（勝太郎）	嘉永4・1・5〜大正13・12・23	横須賀製鉄所訳官	農商務省総務局文書課属
教授世話心得→四等教授（漢学）	長滝立（庄蔵）		昌平黌学問吟味乙科及第、教授方出役	大蔵省記録寮九等属
四等教授（漢学）	古賀鍹吉			
四等教授（漢学）	石野正修（源吾・覚堂）			池新田村・協和学舎漢学科教師
五等教授（漢学）	土岐恭（元一郎）			内閣修史官書記四等属
教授世話心得→五等教授（漢学）	若林包正（誠三郎）	?〜明治17		東京で日章学舎（漢学塾）経営
教授世話心得→五等教授（漢学）	山菅恒（鉢之丞・恒一・久道・棲霞）	天保13・3・6〜大正8・5・28	昌平黌生徒	金谷学校二等訓導・金谷高等小学校長
五等教授（漢学）	滝川清（清三郎）	?〜明治4・8・8 41歳	学問所教授方出役、駿府明新館学頭、教授方	
五等教授（漢学）	清水熈（次郎太郎・源次右衛門）	天保14・1〜?		清水町第一私学校教授

五等教授（仏学）	桜井豊（豊次郎）		開成所仏学教授手伝並出役、英学三等教授	林欽次塾生徒
五等教授（蘭学）	日下寿（寿之助）		蕃書調所蘭学句読教授、横浜語学所生徒	陸軍省十三等出仕
五等教授	宮崎言成（曽谷言成）		昌平黌生徒	函館商業学校教諭
五等教授（漢学）	山本堯直（鍬三郎・眠雲）	?～明治17・7・7　74歳		静岡で私塾経営
五等教授（仏学）	江目金太郎（元長）	?～明治4・9・17	仏語伝習生	
五等教授（漢学）	海老原熊太郎		昌平黌生徒	
五等教授（英学）	目賀田種太郎	嘉永6・7・21～大正15・9・10	海軍奉行並支配、開成所生徒	韓国財政顧問、貴族院議員、男爵
五等教授（漢学）	仁木鍛次郎			
五等教授（漢学）	木村蒙（幸三・幸一？）	天保12・3・8～明治24・11・29	学問所勤番組頭	北郷小学校長（駿東郡）
五等教授（漢学）	竹尾忠男（録郎）	嘉永4・8・11～大正10		内務省勧農局六等属
世話心得（漢学）	岡村勇吉			

世話心得（漢学）	吉田清（清三郎）			
世話心得（漢学）	松田匡（鉉次郎）		昌平黌生徒	
世話心得（英学）	名倉納（孫一郎？）	?～大正6・6・20	横浜英語伝習生	桑港在勤副領事・二等書記生
世話心得（漢学）	花房平吉			
世話心得（漢学）	牧野駒（駒太郎）		川崎魯助門人	東京で小学校教師
世話心得（漢学）	筧藤次郎		大御番	
世話心得（漢学・英学）	小宮山勇次郎（弘道？）			新潟師範学校三等教諭・佐賀県師範学校長
世話心得（仏学）	成島謙吉	嘉永7・4・16～明治43・4・18	横浜語学所生徒	内務省仏国博覧会事務取扱、農商務属
世話心得（漢学）	田中旭（中々文吉・中沢文吉・田中文吉）		横浜語学所生徒	陸軍兵学寮十一等出仕
世話心得（漢学）	堀田鑑（登良雄）			静岡県十七等出仕、文部省八等属
世話心得（漢学）	打原貫一			

世話心得（漢学）	桜井喜一郎			
世話心得（漢学）	池田忠一（忠一郎）	嘉永3・9・3～昭和9・12・27	昌平黌素読吟味甲科及第	静岡県賀茂郡長・磐田郡長
世話心得（仏学）	益頭尚志（鉎太郎・峻南）	嘉永4・2・12～大正5・4・2	横浜語学所生徒	陸軍兵学寮通訳官、幼年学校教官
世話心得（仏学）	竹村本五郎	嘉永4・2・27～？	横浜語学所生徒	外務省一等書記官
世話心得（英学）	木城直（甚之助）	安政3～明治6・8・1 18歳	昌平黌素読吟味及第	大学南校貢進生
世話心得（英学）	芳賀勝貞（飯田勝貞・勇太郎）	嘉永5・1・5～明治27・3・25	慶応義塾塾生	愛知英語学校教師、函館郵便局長、逓信属
世話心得（英学）	島田豊（徳太郎・主善・奚疑）	嘉永4～明治32・8・10		内務省勧業寮十等出仕
世話心得（独学）	石川成三			
世話心得（漢学）	野田九十郎			
素読教授手伝	諏訪常松			
同右	松井太郎			

静岡学問所の教授・職員一覧

同右	田中精一			
同右	水野調一郎			
同右	長坂要一			
同右	桜井吉郎			
同右	鈴木永次郎			
同右	岸本蔵太郎			
同右	辻啓次郎			
藩政補翼附属・学校御書籍取締出役	木村熊二	弘化2・1・25〜昭和2・2・28	小十人格銃隊差図役勤方	牧師、明治女学校長
学校（学問所）組頭	木平譲（五左衛門・謙一郎・譲助・如舟）	?〜明治26・6・15	徒目付、学問所勤番組頭	大蔵省十等出仕、内務省准判任御用掛
学校勤方	中従蔵（従助）		長谷部甚弥門人	東京で私塾経営
学校調役並→調役	中山董一郎（教之助）		昌平黌学問吟味乙科及第、学問所下番	
学問所調役下役→学校調役	中島荘一郎			

学問所調役下役↓ 学校調役並	為貝謹一郎（友輔）			
学問所調役下役↓ 学校調役並	若林栄三郎			
学校調役下役	矢部彦造（彦兵衛）			
同右	内海鉄吉			
同右	会田忠蔵			
同右	宮本源次郎			
学校下番	（8名・氏名省略）			
一等教授	乙骨太郎乙	天保13〜大正11・7・19	開成所教授手伝並出役、外国奉行支配調役	大蔵省翻訳御用御雇、海軍省七等出仕
二等教授	薗鑑（鑑三郎）	?〜明治17・12・10 46歳	海軍イギリス伝習翻訳掛頭取	東京上等裁判所判事
三等教授格	榊綽（令輔・令一）	文政6・11・18〜明治27・1・24	開成所活字御用	太政官地誌課九等出仕

静岡学問所の教授・職員一覧

四等教授	杉浦赤城（清介）	文政9～明治25	外国奉行支配定役、砲兵差図役頭取勤方	正院十等出仕、大審院五等属
四等教授	近藤鎮三（昌綱）	嘉永2・5・28～明治27・8・4	開成所教授並出役	文部省御用掛、東京始審裁判所分局検事
四等教授	三浦一郎		昌平黌学問吟味乙科及第、学問所教授方出役	
四等教授→三等教授	河野通聿（仲次郎）	文政10・6・2～明治15・2・10	八王子千人同心之頭	大蔵省記録局出仕
五等教授	大森鐘一	安政3・5・14～昭和2・3・5	駿府明新館生徒	兵庫県知事、皇后宮大夫、枢密顧問官、男爵
五等教師	下条幸次郎（順則）	嘉永5・9～明治42・6・8	姫路藩士	佐賀県中学校長、宮城県尋常中学校長
仏学教授	生島閑	?～大正12・10・10	福地桜痴門人	足柄県謹申学舎・東京耕教学舎教師
和蘭学・独逸学教授	中川忠明（鼎之助）		開成所和蘭学教授出役	東京で私塾経営

皇学局四等教授	葉若清足（礼蔵・直彦）	?～明治15・6・5	奥右筆、二条城御門番之頭	宮内省御用掛、御歌所文学御用掛
皇学局五等教授	藤井真寿（大三郎・杉の舎）	?～明治32　70歳	勘定下役並	静岡浅間神社社人、教導職
皇学局五等教授	山本忠政			
数学教師	桜井當道（捨吉）	文政10・5・26～?	軍艦役見習三等	海軍兵学校教官
数学教授方	伴徳政（林太郎）	安政元・4～昭和2・10・29	開成所生徒	松江中学校長、麻布中学校講師
絵図方	岩橋教章（新吾）	天保6・2・5～明治16・3・4	海軍所絵図認方出役、軍艦役見習三等	内務省地理二等少技師、内務省御用掛
仏学稽古人世話心得並取締	平山成信（成之助・成一郎）	安政元・11・6～昭和4・9・25	昌平黌生徒	貴族院議員、枢密顧問官、男爵
世話心得	河田烋（震之助・烋男）	安政3～明治44・3・4		内国博覧会御用掛
世話心得→教授方並	長島衡（君平）	弘化2・2～明治36・10・9	養父長島済塾教師	静南尋常小学校長

漢学世話心得	水野勝正			東京で小学校教師
教授方	高麗光現		望月綱門人	東京で小学校教師
教授方並	行川一男			東京で私塾経営
漢籍教授助手	蜂屋定憲（啓之丞・閑江）	天保14・9～明治26・6・28	昌平黌生徒、奥詰銃隊	静岡県学務課長、静岡県尋常師範学校長
小学所漢学教授方	北村季林		昌平黌生徒、石川長次郎英学門人	東京で小学校教師、私塾経営
教員	吉田信和		海保弁之助門人	東京で私塾経営
静岡小学校頭取	江連堯則（真三郎・泉三郎・加賀守）	?～大正6・7・24　87歳	目付、開成所奉行、外国奉行	東京府東多摩・南豊島郡長
小学所教授	中村惟昌			内務省地理一等中技生

本表は太線によって4区画に分けられる。右から1番目の区画は明治2年正月「御役名鑑」、2番目は「静岡藩官職吏員改正概略」（『静岡市史』第二巻）、3番目は明治3年「静岡御役人附」、4番目はその他の諸資料・文献にもとづく人名・職名である。廃藩後の就任者は含まない。

静岡学問所関係年表

慶応四年（一八六八）

7月　日　移住予定者名簿「駿河表召連候家来姓名」に、儒者中村正直、教授方宮原木石、洋学教師西成度・福地桜痴・尺振八らの名前が記される。

8月11日　開成所奉行・同頭取より林又三郎に対し、中浜万次郎ら旧開成所の人材一五名を駿府に召し連れるよう申し入れ（『静岡県史　資料編16』）。

8月12日　駿府明新館に国学・漢学・洋学合併の学校開設につき、林又三郎を教授惣括にする旨が布告（『静岡県史　資料編16』）。

8月19日　開成所頭取西尾錦之助ら六名を林又三郎手附とし、残務整理にあたらせる旨布告（『静岡県史　資料編16』）。

明治元年（一八六八）

9月8日　駿府四ツ足門内御定番屋敷に学問所を開く旨が布告される（『明治初期静岡県史料』）。

9月14日　向山黄村、駿河表学問所御用取扱を命じられる（『静岡県史　資料編16』）。

9月　日　浦野鋭翁、駿府学問所三等教授・通学所取締となる（『岳陽名士伝』）。

10月10日　開成所廃止につき開成所奉行川勝広道・同並森川義利、差免（『静岡県史　資料編16』）。

10月12日　学問所を駿府城横内門内の元勤番組頭屋敷に移転し、十五日より漢学を開講する旨布告（『静岡県史　資料編16』）。
10月18日　一等教授中村正直以下一二名、任命される（『静岡県史　資料編16』）。
10月28日　榊綽、学問所三等教授格に任命（『榊令輔後綽及室幸子略伝』）。
10月晦日　向山黄村・津田真道が学問所頭に任命、林又三郎は学問所御用取扱を差免（『静岡県史　資料編16』）。
10月　日　小宮山弘道、静岡藩学校に入り三年六月まで英学・漢学修業（『東京の中等教育』）。
11月5日　府中学問所、十五日より英仏蘭独の洋学開講につき布告（『明治初期静岡県史料』）。
11月8日　向山黄村・津田真道、府中学問所頭に任命される（『明治初期静岡県史料』）。府中学問所、二十日にかけて蔵書を点検し「和蘭書目」を作成する（「府中学問所の『和蘭書目』」）。
11月15日　学問所において洋学開講（『静岡県史　資料編16』）。
11月16日　中坊広胖、学問所和学御用取扱に任命される（『静岡県史　資料編16』）。
12月25日　学問所教授の席次につき布達（『静岡県史　資料編16』）。
12月　日　星野鉄太郎、藩黌漢学世話心得となる（『静岡県現住者人物一覧』）。
12月　日　鈴木長利、静岡学校に入学し漢学・英学・数学を学ぶ（『東京の中等教育』）。

明治二年（一八六九）

1月13日　学問所開設（『日本教育史資料』）。
1月18日　津田真道、徴士刑法官権判事に任命される（『津田真道全集』）。
1月　日　秋山政篤、英学五等教授になる（『東京教育史資料大系』）。
1月　日　秋山政篤、大学南校当分教授手伝に任命される（『東京教育史資料大系』）。
2月28日　杉浦譲、駿府学問所五等教授に任命される（『杉浦譲全集』）。
2月　日　星野鉄太郎、藩黌調役となる（『静岡県現住者人物一覧』）。
3月6日　安間潔、漢学五等教授に任命される（江川文庫所蔵「職員録」）。
3月21日　柴田剛中、息子太郎吉を二等教授名村元度に入門させる（「日載」）。
4月2日　田村初太郎、英学四等教授に任命される（『神に仕えたサムライたち』）。
5月22日　長田銈太郎、横浜兵学校当分御雇に出仕（『外務省沿革類従』）。
5月　日　中泉奉行前島密、中泉西願寺に仮学校を置き、自らも英漢数を教える（『磐田市誌』）。
6月5日　小田切綱一郎・杉浦譲が漢学四等教授、土岐元一郎ら五名が五等教授に任命される（『杉浦譲全集』）。
6月6日　目賀田種太郎、英学世話心得に任命される（『男爵目賀田種太郎』）。
6月13日　成島謙吉、学問所仏語稽古人世話心得を命じられる（『石上露子研究』第二輯）。
6月23日　中泉奉行所、中泉西願寺に仮小学校を開く（『静岡県史　資料編16』）。
6月　日　牧野駒、静岡県学校世話心得となる（「教員履歴」）。

7月2日　木城直、学校世話心得を命じられる（「木城花野の跡をたずねて」）。
7月25日　藩主徳川家達が今日より城内用談所で二日置きに政務にあたり、その他の日は稽古事を行うとの布達（『久能山叢書　第五編』）。
7月　日　弘前藩士、静岡に来て中村正直の招聘を依頼するが断られる（『青森市沿革史』）。
8月7日　田中弘義、大学中助教に任ぜられる（『日仏文化交流史の研究』）。
8月23日　向山黄村・河田熙、少参事・学校掛となる（『日本教育史資料』）。
8月　日　津田真道、少参事となる（『津田真道全集』）。
9月19日　近藤鎮三、大学校中得業生に任じられる（『明治期ドイツ語学者の研究』）。
9月20日　望月毅軒、一等格漢学教授に任命される（望月書簡）。
9月29日　近藤鎮三、静岡の家族引き纏めのため新政府に二十日の休暇を願う（「身分留」）。
10月5日　津田真道、新政府の学制取調御用掛となり、少参事を差免（『津田真道全集』）。
10月　日　幸田政方、静岡学問所に入り、四年四月まで向山黄村に漢学、松波升次郎に独乙学を学ぶ（「沼津兵学校関係人物履歴集成　その二」）。
12月2日　田村初太郎、三等教授に昇る（『神に仕えたサムライたち』）。
12月3日　大久保一翁、鹿児島藩からの留学生種田清左衛門・最上五郎が静岡学問所生徒らに「敵国之人」と称されている旨を勝海舟に伝える（『勝海舟全集　別巻　書簡と資料』）。
12月4日　掛川郡政役所、来る八日より勤番組調所にて文学教授所開設につき布達（『掛川市史　資料編近現代』）。望月毅軒、書簡の中で当今の静岡学問所稽古人は一三〇〇人程であると記す（望月書簡）。

12月7日　安間潔、漢学四等教授に進む（江川文庫所蔵「職員録」）。

12月13日　目賀田種太郎、静岡学問所五等教授となる（『男爵目賀田種太郎』）。

12月16日　大森鐘一、静岡学校一等生徒となる（『大森鐘一』）。

12月　日　平山成信、学問所世話心得を命じられる（「明治戊辰の回顧」）。

月　日　静岡学問所に和学が開講（『日本教育史資料』）。

明治三年（一八七〇）

1月8日　堀越愛国、大学大助教に任命される（『明治史料顕要職務補任録』）。

1月23日　長田銈太郎、横浜兵学校当分御雇を依願免官（『外務省沿革類従』）。

1月　日　英学五等教授秋山泰、大学南校教場当分手伝を命じられる（「開学願書一」）。

1月　日　静岡藩、弁官あてに静岡表学校生徒用に楓山文庫の中から書籍の下付を願う（「太政類典」）。

1月　日　「静岡藩小学校掟書」が木版で発行される。

1月　日　掛川学校生徒柳世弥吉、静岡学校寄宿寮に入り漢学を学ぶ（「教員履歴留」）。

1月　日　今井省三、静岡学校で七年三月まで漢学・英学・数学を学ぶ（『明治戊辰梁田戦蹟史』）。

2月10日　堀越愛国の門人高麗光現、静岡県学校教授方となる（「教員履歴綴」）。

2月13日　杉浦譲、民部省出仕のため静岡を発つ（『杉浦譲全集』）。
2月15日　目賀田種太郎、五等教授を差免され大学南校での修学を命じられる（『男爵目賀田種太郎』）。
2月22日　二等教授名村元度、小島小学校頭取に任命される（『静岡県史　資料編16』）。
2月　日　沼津兵学校の伴鉄太郎・矢田堀鴻、掛川・小島小学校頭取を命じられるが、断る（『江原素六旧蔵明治大正名士書簡集』）。
2月　日　学校校内に寄宿所を建設し、生徒五〇名を置く（『明治初期静岡県史料』）。
2月　日　水野勝正、静岡県学校漢学世話心得となる（「教員履歴」）。
3月　日　成島謙吉、学問所を辞し東京・横浜での仏学修行を命じられ、翌月上京、五月大学南校に入る（『石上露子研究』第二輯）。
3月　日　学問所仏学稽古人世話心得並取締平山成信、大学南校での修行を命じられ、月六両を下されることとなる（「明治戊辰の回顧」『斯文』第一一編第一一号）。
3月　日　遠江国榛原郡佐倉村の人佐倉信武、静岡藩校に入る（『岳陽名士伝』）。
4月2日　目賀田種太郎・田村初太郎、大学南校に入学（『男爵目賀田種太郎』『神に仕えたサムライたち』）。
4月10日　「小学校試人吟味手続」が布達される（『杉浦譲全集』第三巻）。
5月6日　下条幸次郎、学校五等教師に任命される（「明治初期東京府の人的基盤」）。
5月7日　岩橋教章、静岡学校附属絵図方を命じられる（『正智遺稿』）。

5月9日　静岡学問所四等教授岡田深蔵死去（蓮永寺墓誌）。
5月23日　田村初太郎、アメリカ留学のため横浜出帆（『神に仕えたサムライたち』）。
5月26日　静岡・沼津他各所へ小学校設置につき、勤番組之頭へ布告（『静岡県史　資料編16』）。
5月　日　相良勤番組之頭上田閑江、自分役宅を仮小学校に改造する旨を願う（『静岡県史　資料編16』）。
5月　日　沼津兵学校生徒中川忠明、静岡学問所和蘭学教授に任命される（『開学明細書』）。
6月　日　村松一、静岡学問所に入り漢学・数学を学ぶ（『東京の中等教育』）。
7月8日　江連堯則、静岡小学校頭取に任命（『静岡県史　資料編16』）。
7月10日　木城直、静岡学校五等教授方になる（「木城花野の跡をたずねて」）。
7月15日　矢村宣昭、相良小学校教授方に任命（「遠江国相良勤番組士族名簿」）。
7月18日　宮原木石、阪谷朗廬宛書簡で静岡での留学費用を伝え、優秀な教授は中村正直・望月毅軒のみであると謙遜して記す（阪谷芳郎文書）。
7月20日　新政府の大史局、大学南校に宛て静岡藩からの自助論開板願書の取り扱いにつき掛け合い（「含要類纂　巻之拾五　達懸合之部」）。
7月晦日　楓山文庫蔵書中、徳川家家記など一〇七部が静岡藩に下付される（「太政類典」）。
7月　日　静岡・沼津・田中・小島・掛川・浜松・新居・横須賀・相良・中泉に小学校を設置し、学校掛向山黄村・河田熙・西周が統括する旨布告（『日本教育史資料』）。
7月　日　小宮山弘道、大学南校に入る（『東京の中等教育』）。

7月　日　福岡藩士安川敬一郎・石田篤麿、静岡留学を命じられる（『撫松余韻』）。
7月　日　間宮昌、浜松小学校頭取に任命される（『三浦渡世平先生伝』）。
7月　日　北村季林、静岡小学所漢学教授方になる（「教員履歴」）。
7～9月　改訂された「静岡藩小学校掟書」が木版で発行される。
8月1日　川北朝鄰、静岡学校に入学（『川北朝鄰小伝』）。
8月12日　各所小学校頭取・教授方は勤番組之頭支配たるべき旨布達（『久能山叢書　第五編』）。
8月14日　掛川郡政役所、九月一日から掛川郭内で小学校の稽古開始につき布達（『掛川市史』下巻）。
8月　日　古賀謹一郎、「西国立志編」の序文を執筆。
8月　日　木城直、大学南校への貢進生に選ばれ、九月七日静岡を出発（「木城花野の跡をたずねて」）。
8月　日　静岡学問所生徒小宮山弘道、大学南校に入学（『東京教育史資料大系』）。
8月　日　目賀田種太郎、アメリカ留学のため出帆。
8月　日　望月毅軒の門人中島謙三、漢学試験の上、静岡学校寄宿に入寮（「教員履歴留」）。
8月　日　中泉小学校、中泉寺に移転、近藤熊太郎が教授方頭取並となる（『磐田市誌』）。
9月7日　大森鐘一、静岡学校仏語生徒心得となる（『大森鐘一』）。
9月8日　東京・横浜等での修業・指南者を静岡において業前吟味する旨布告（『久能山叢書　第五編』）。
9月15日　静岡学問所構内に小学校が仮設される（『日本教育史資料』）。
9月20日　弁官より静岡藩知事に対し津田真道・西周の上京命令（西周文書）。

9月27日　田村初太郎、アメリカ留学につき出帆（『明治初期静岡県史料』）。
9月29日　目賀田種太郎、大学南校よりアメリカ留学に派遣、横浜出帆（『男爵目賀田種太郎』）。
9月　日　三田葆光、「西国立志編」の序文を執筆。
9月　日　田中矢徳、浜松の藩立学校で和算教授方を拝命（『東京の中等教育』）。
9月　日　弘前藩士梶昌雄・長尾介一郎、静岡に来て林学斎らと謀り、御貸人の招聘を依頼（『青森市沿革史』）。
10月20日　五等教授伊藤隼に対し兵部省から徴命が下る（「大原幽学没後門人と明治の旧幕臣」）。
10月　日　静岡学問所寄宿寮が設けられ、浦野鋭翁が取締となる（『岳陽名士伝』）。
10月　日　斎藤重威、藩学校寄宿に入寮（「教員履歴留」）。
10月　日　津田真道、新政府の学制取調御用掛となり上京。
閏10月5日　小学所教授方若林誠三郎、四等教授を命じられる（『静岡県史　資料編16』）。
閏10月19日　曽谷言成、海外留学のため静岡を発つ（「英行日誌」）。
閏10月25日　外山正一、外務省弁務少記に任命される（『木村熊二・鐙子往復書簡』）。中村正直、「自助論」翻訳を終える（『中村正直伝』）。
閏10月26日　中村正直、勝海舟宛に「自助論」草稿を送付し、あわせてアメリカ人教師の招聘を依頼（『勝海舟全集　別巻2』）。
閏10月　乙骨太郎乙、沼津兵学校から静岡学問所に転じ、一等教授になる（辞令他）。

閏10月　寄宿稽古希望者に対し事前の学習資格につき布告（『静岡県史　資料編16』）。
11月8日　静岡小学校、新築落成し学問所構内から移転、開校（『日本教育史資料』）。
11月17日　川北朝鄰、静岡藩学校学術修業人世話心得取締になる（『川北朝鄰小伝』）。
11月24日　三嶋政明、浜松学校漢学修行人世話心得となる（『旗本三嶋政養日記』）。
11月29日　鹿児島藩からの留学生最上五郎、海外留学のため東京へ出立（「海舟日記」）。
11月晦日　薗鑑が静岡学問所二等教授、河野通聿が四等教授に任命される（「志村貞廉日記」）。
11月　日　「小島初学所掟書」が起草される。
12月1日　静岡学問所構内に寄宿所が開設（『日本教育史資料』）。
12月3日　外山正一・木村熊二・大儀見元一郎、森有礼らと同乗、アメリカへ向け横浜出帆（『木村熊二・鐙子往復書簡』）。
12月22日　宮崎立元・島田豊、御貸人として招聘された弘前藩に到着（『兼松石居先生伝』）。
12月　日　中村正直訳『西国立志編』が刊行開始、本屋市蔵・須原屋善蔵から発売される。
月　日　静岡藩公用人杉山一成・小田又蔵、大史御役所あてに藩学校生徒用書籍払底につき楓山文庫の書籍下付を願い出る（「妻木多宮筆記」）。
月　日　静岡学校から『四書白文』が刊行される。

明治四年（一八七一）

1月28日　安間潔、漢学三等教授に進む（江川文庫所蔵「職員録」）。
1月　日　長六三郎、三等教授に昇る（『旗本三嶋政養日記』）。
1月　日　木村蒙、四等教授に昇る（『東駿の教育史料余話』第五集）。
1月　日　田中矢徳、浜松の藩立学校で洋算教授方並を拝命（『東京の中等教育』）。
2月4日　曽谷言成、アメリカへ向け横浜を出帆（「英行日誌」）。
2月15日　四等教授杉浦赤城、沼津兵学校三等教授並へ転任（「海舟日記」）。
2月19日　志村力、静岡小学校に入学（『幕末維新期の社会的政治史研究』）。
2月　日　木村蒙、学問所四等教授になる（『静岡の人びと』）。
2月　日　福岡藩士横地儁吉郎、静岡学問所に入り独乙学を五年八月まで学ぶ（『東京教育史資料大系』）。
3月3日　名倉納、アメリカ留学につき出帆（高階秀爾「川村清雄についての二、三の考察」『美術史論叢』第一号）。
3月　日　静岡学問所生徒伴徳政、数学教授方となる（『東京教育史資料大系』）。
4月8日　長田銈太郎、江原素六らと欧米視察のため横浜を出帆（『江原素六先生伝』）。
4月10日　大森鐘一、静岡学校五等教授となる（『大森鐘一』）。
4月　日　河田羆が学問所二等教授、河田烋が教授世話心得となる（『木村熊二・鐙子往復書簡』）。
4月　日　浦野鋭翁、静岡学問所二等教授となる（『岳陽名士伝』）。
4月　日　清水本魚町の実相寺に清水小学所が開設される（『安倍郡清水町誌』）。

5月6日　四月六日弘前を発った宮崎立元、静岡に帰る（「公私雑載」）。
5月18日　人見寧、集学所世話心得に任命（「忘備録」）。
5月24日　沼津兵学校教授塚本明毅、静岡学校兼勤を免じられる（「公私雑載」）。
5月25日　勝海舟、福井藩士堤市五郎を通じグリフィスにアメリカ人教師雇用のことを依頼（「静岡藩お雇い外国人教師E・W・クラーク」）。
5月28日　杉山孫六、慶応義塾に入社（『慶応義塾入社帳』）。
6月2日　四等教授伊藤隼に対し兵部省より大阪への出頭令状が下される（「大原幽学没後門人と明治の旧幕臣」）。
6月3日　下条幸次郎、弘前藩学校雇教師を命じられる（「明治初期東京府の人的基盤」）。
6月9日　福井のグリフィスのもとに静岡藩でアメリカ人教師を雇いたいという希望が勝海舟からの伝言として伝えられる（「静岡藩お雇い外国人教師E・W・クラーク」）。
6月　日　弘前藩士藤田潜、静岡に留学し静岡学問所で修業（『東京の中等教育』）。
7月9日　福岡藩の留学生石田新六郎、国許へ帰るに際し勝海舟に暇乞い（「海舟日記」）。
7月13日　イギリス海軍士官ホース、サンドウィスら三名、静岡学問所を訪問（「公私雑載」）。
7月22日　成島謙吉、兵部省出仕となる（『石上露子研究』第二輯）。
7月25日　三嶋政明、浜松から静岡に移り集学所に入学（『旗本三嶋政養日記』）。
7月　日　弘前藩士手塚元瑞・対馬嘉三郎、静岡に来て宮崎立元の再派遣を依頼（『兼松石居先生伝』）。

7月　日　斎藤重威、静岡学校で独逸学を修業（「教員履歴留」）。
8月10日　川北朝鄰、静岡県小学校教授方になる（『川北朝鄰小伝』）。
8月15日　宮崎立元、弘前へ向け静岡を出立（「海舟日記」）。
8月23日　矢田堀鴻・中村正直・人見寧、アメリカ人教師雇入御用を命じられる（「公私雑載」「忘備録」）。
8月27日　三嶋政明、静岡学校に入学（『旗本三嶋政養日記』）。
8月　日　目賀田種太郎、アメリカ留学のため出帆（『明治初期静岡県史料』）。
9月9日　大森鐘一、静岡小学所教授方となる（『大森鐘一』）。
9月13日　河田烋、静岡小学校教授方並になる（「明治初期東京府の人的基盤」）。クラーク、横浜に着（「静岡藩お雇い外国人教師E・W・クラーク」）。
9月20日　学校教授方高麗光現、差免、英学修業のため上京（「教員履歴綴」）。
9月21日　四等教授河野通聿、三等教授方に昇進（「志村貞廉日記」）。
9月23日　大谷村の集学所焼失、翌日久能徳音院に移転（「忘備録」）。
9月24日　中村正直、静岡を出発（「忘備録」）。
9月27日　中村正直、横浜でクラークと面会（「公私雑載」）。
9月　日　吉見義次、藩立学校独逸医学世話心得・取締となる（『静岡県現住者人物一覧』）。
9月　日　入江増忍、静岡学校教授方手伝となる（『東京教育史資料大系』）。
9月　日　疋田直江、静岡県小学助教を命じられる（「教員履歴」）。

9月　日　静岡小学所漢学教授方北村季林、本校漢学教授となる（「教員履歴」）。
10月19日　中村正直、クラークとともに横浜出発（「忘備録」）。
10月24日　クラーク、静岡に到着（「公私雑載」「忘備録」）。
11月2日　下条魁郎、学校御雇を命じられる（「公私雑載」）。
11月14日　クラークの授業開始（「公私雑載」）。
11月　日　人見寧、静岡県より集学所頭取に任命される（辞令）。
11月　日　吉見義次、藩費にて学術修業のため上京（『静岡県現住者人物一覧』）。
12月7日　「学校建足」が決定され、翌日命令が下される（「公私雑載」）。
12月18日　クラーク、中村正直訳『自由之理』に英文の序文を寄せる（「静岡藩お雇い外国人教師E・W・クラーク」）。
12月　日　クラーク、伝習所を設置。
月　日　中村正直編・木平譲蔵版『英訳漢語』が刊行される。

明治五年（一八七二）
1月1日　中村正直、「擬泰西人上書」を勝海舟に送る（『勝海舟全集　別巻2』）。
1月　日　宮崎駿児、静岡学校生徒取締となる（『東京教育史資料大系』）。
2月28日　下条幸次郎、弘前藩教師を免じられる（「明治初期東京府の人的基盤」）。

3月11日　志村力、集学所に入学（『幕末維新期の社会的政治史研究』）。
3月　日　中村正直訳『自由之理』が出版される。
3月　日　村松一、賤機舎のマクドナルドに就き英語を学ぶ（『東京の中等教育』）。
4月24日　河田烋、静岡学校教授方となる（「明治初期東京府の人的基盤」）。
4月26日　下条幸次郎、静岡学校四等教師となる（「明治初期東京府の人的基盤」）。
4月29日　伊藤隼、陸軍省中等通弁に任命される（『陸軍省日誌』）。
4月　日　集学所より塚本明毅校正『代数学』が刊行される。
4月　日　小出有秀、司法省十二等出仕となる（『海を越えた日本人名事典』）。
4月　日　茂野衛、静岡学校英学助教官となる（『東京教育史資料大系』）。
4月　日　所嘉満、静岡学校英学教官となる（『東京教育史資料大系』）。
5月17日　名村元度、工部省七等出仕となる（『幕末教育史の研究　二』）。
5月19日　大森鐘一、名古屋学校へ留学しムーリエーに就き仏語を学ぶ（『大森鐘一』）。
5月　日　吉見義次、藩立学校五等教授となる（『静岡県現住者人物一覧』）。
5月　日　市岡正義、静岡学問所教授手伝を命じられる（『岳陽名士伝』）。
6月9日　下条幸次郎、静岡学校三等教師に昇る（「明治初期東京府の人的基盤」）。
6月　日　中村正直、静岡を去り上京（『中村正直伝』）。
6月　日　学校世話心得牧野駒、小学所教授方並となる（「教員履歴」）。

7月2日　中村惟昌、静岡学校五等教授となる（『東京教育史資料大系』）。
7月25日　木平譲、大蔵省十五等出仕になる（「明治初期東京府の人的基盤」）。
7月　日　クラークの住宅、駿府城内に完成（『木村熊二・鐙子往復書簡』）。
8月3日　静岡学問所、廃止（『静岡県英学史』）。
8月22日　静岡学校廃止（『東京教育史資料大系』第三巻）。
8月24日　安間潔、静岡学校廃止につき三等教授免職（江川文庫所蔵「職員録」）。中村惟昌、伝習所生徒教授に任命（『東京教育史資料大系』）。
8月27日　中村正直、大蔵省翻訳御用を命じられる（『中村正直伝』）。
8月28日　三嶋政明、静岡漢学校に入学（『旗本三嶋政養日記』）。
8月29日　グリフィス、福井から上京の途中、静岡のクラーク宅に立ち寄る（『日本滞在記』）。
8月　日　静岡県、新政府あてに伝習所存続について上申書を提出（『明治初期静岡県史料』）。
8月　日　人見寧、静岡県より米国教師伝習掛を命じられる（辞令）。
9月14日　下条幸次郎、静岡学校三等教師を差免（「明治初期東京府の人的基盤」）。
9月16日　三嶋政明、静岡洋学所に入学（『旗本三嶋政養日記』）。
9月28日　川北朝鄰、静岡伝習所教授手伝になる（『川北朝鄰小伝』）。
9月　日　人見寧、伝習掛を差免（辞令）。
9月　日　クラーク、「諸県学校を顧慮することを勧める建議」を文部省に提出（『静岡市史』）。

9月　日　漢学教授北村季林、免ぜられ上京（「教員履歴」）。
9月　日　桑名藩松平定敏、静岡学校で英学、望月毅軒方で漢学を学ぶ（「教員履歴留」）。
10月　日　静岡県参事南部広矛は文部卿大木喬遠に対し伝習所の私立による再設置につき伺書提出、伝習掛林惟純はその学課・教則を申告、許可される（『明治初期静岡県史料』）。
10月　日　静岡学校英学教官所嘉満、翌年八月までクラーク付となる（『東京教育史資料大系』）。
10月　日　坂鉉、静岡英学校に入り英学・数学修業（『東京教育史資料大系』）。
11月14日　佐藤顕理、静岡学問所に入学（『東京の中等教育』）。
11月18日　人見寧、学区取締に任命される（辞令）。
11月　日　浦野鋭翁、静岡下魚町に私塾修来学舎を開く（『岳陽名士伝』）。
12月　日　伝習所、私学校となる（『川北朝鄰小伝』）。
月　日　静岡学校より『小学白文』が刊行される。

明治六年（一八七三）

1月　日　宮崎立元、『画図普仏戦争日誌』の「叙」を執筆。
2月　日　集学所より杉山親・中川忠明訳『画図普仏戦争日誌』が刊行される。
2月　日　中村正直、東京小石川に同人社を開く（『中村正直伝』）。
2月　日　クラーク、『幾何学原礎』（刊行は八年）の序文を執筆。

2月　日　大島文、印旛県漢学教員になる（『東京教育史資料大系』）。
2月　日　伝習所、廃止（『川北朝鄰小伝』）。
3月7日　望月毅軒、静岡本通西教寺内に晃淑学舎を設置（『維新の静岡と浦野鋭翁』）。
4月1日　志村力、集学所を退学（『幕末維新期の社会的政治史研究』）。
6月5日　河田休、静岡より上京する（『木村熊二・鐙子往復書簡』）。
6月7日　木村鐙子、夫宛書簡に「学校も昨今ハ追々さびれ、河田休御免願後より皆々御免願候者のミ」云々と記す（『木村熊二・鐙子往復書簡』）。
6月25日　河田休、東京府十等出仕になる（『明治初期東京府の人的基盤』）。
7月3日　伝習所廃止（『東京教育史資料大系』）。
7月　日　望月毅軒、正院地誌課御用掛に就任（『東京教育史資料大系』）。
8月9日　静岡小学校の後身として学制にもとづく小学校教勧舎が設立される。
8月　日　クラーク、バラとともに富士山に登る（『日本滞在記』）。
8月　日　クラーク、静岡で撮影した写真アルバムを勝海舟に贈呈する。
8月　日　川北朝鄰、上京し陸軍兵学寮に出仕（『川北朝鄰小伝』）。
9月9日　木村鐙子、夫宛書簡に「当地学校も半つふれニ相成、よき人ハ不残東京江参られ、ミそかすのミ残り居候」云々と記す（『木村熊二・鐙子往復書簡』）。
10月　日　宮崎駿児、静岡学校教授となる（『東京教育史資料大系』）。

11月14日　文部省、静岡県に対しクラークの上京、東京開成学校教師就任を指示（『明治初期静岡県史料』）。
12月23日　クラーク、上京し東京開成学校教師に就任（『日本滞在記』）。

明治七年（一八七四）
1月19日　杉山孫六、開成学校の命により、静岡学問所の器械を東京へ運ぶための担当に任じられ、三月十四日までつとめる（「含要類纂　職員進退之部」）。
3月25日　藤沼牧夫・人見寧、マクドナルドとの間で賤機舎への雇用条約を結ぶ（『明治初期静岡県史料』）。
3月　日　宮崎駿児、正院御用掛に任命される（『東京教育史資料大系』第三巻）。
4月8日　マクドナルド、賤機舎に赴任（『日本メソヂスト静岡教会六拾年史』）。
4月　日　西山義行、マクドナルドに就き十月まで学ぶ（『東京教育史資料大系』）。
9月27日　山中笑ら一一名、マクドナルドより洗礼を受ける（『日本メソヂスト静岡教会六拾年史』）。
10月5日　室賀竹堂がトーマス・ハージングを雇い見付に私立学校が開校する旨布告（『静岡県教育史年表統計篇』）。

参考文献

『日本教育史資料』第一巻　一八九〇年　文部省総務局

山田萬作編『岳陽名士伝』一八九一年　一九八五年復刻　長倉書店

『日本教育史資料』第七巻　一八九二年　文部大臣官房報告課

高室梅雪『静岡県現住者人物一覧』一八九七年・一八九九年

もち月生「嗚呼外山博士」『同方会報告』第一五号　一九〇〇年　復刻版合本第二巻　一九七七年　立体社

竹斎「緑蔭茶談」『同方会誌』第二三号　一九〇二年　復刻版合本第三巻　一九七七年　立体社

中村敬宇『敬宇文集』巻六　一九〇三年　吉川弘文館

葛西音弥『青森市沿革史』一九〇六年　一九七三年復刻　歴史図書社

石井研堂『中村正直伝』一九〇七年　成功雑誌社

外山正一『丶山存稿』前編　一九〇九年　丸善株式会社

伊東圭一郎『東海三州の人物』一九一四年　静岡民友新聞社

新保磐次編『香亭遺文』一九一六年　金港堂書籍株式会社
「五十年前の回顧」『同方会誌』第四四号　一九一七年　復刻版合本第七巻　一九七八年　立体社
「静岡学校の沿革」『同方会誌』第四五号　一九一七年　復刻版合本第七巻　同前
田辺朔郎編『蓮舟遺稿』一九二一年　私家版
深津丘華『静岡物語』一九二三年　私家版
真下菊五郎『明治戊辰梁田戦蹟史』一九二三年　梁田戦蹟史編纂後援会
小川剣三郎「村松晩村先生」『本道楽』第一年第三号　一九二六年
高橋邦太郎訳「勝安房」『本道楽』第九号　一九二七年
池田宏編『大森鐘一』一九三〇年　私家版
『平賀敏君伝』一九三一年　平賀敏君伝記編纂会
森林助『兼松石居先生伝』一九三二年　神書店
『東京帝国大学五十年史　上』一九三二年　東京帝国大学
池田宏編『朝露の覚』一九三五年　私家版
『撫松余韻』一九三五年　松本健次郎発行

『男爵目賀田種太郎』　一九三八年　故目賀田男爵伝記編纂会
胡桃正見「岩佐銈七段の長逝を悼む」『棋道』第一五巻第二七号　一九三八年　日本棋院
小山枯柴『維新前後の静岡』　一九四一年　一九七五年復刻　安川書店
三上義夫『川北朝鄰小伝』　一九四一年　私家版
『磐田市誌』下巻　一九五六年　磐田市
東豊田郷土誌編集委員編『東豊田郷土誌』　一九六〇年　静岡市立東豊田小学校
大久保利謙編『西周全集』第二巻　一九六二年　宗高書房
『河田烈自叙伝』　一九六五年　「河田烈自叙伝」刊行会
勝瀬光安「幕末弓術の名人布施権三郎と其一家」（1）（2）『うわさ』第一一巻第九号、第一一号、一九六六年　政教社
中村光夫『贋の偶像』　一九六七年　筑摩書房
E・W・クラーク著、飯田宏訳『日本滞在記』　一九六七年　講談社
浜野善次『維新の静岡と浦野鋭翁』　一九六八年　私家版・謄写版
真野常雄編『三浦渡世平先生伝』　一九六八年　三浦中村両先生頌徳顕彰会
『静岡市史　近代史料』　一九六九年　静岡市

静岡県史料刊行会編『明治初期静岡県史料』第四巻　一九七〇年　静岡県立中央図書館
『江戸幕府旧蔵図書目録』　一九七〇年　静岡県立中央図書館
藤枝市史編纂委員会編『藤枝市史』下巻　一九七〇年　藤枝市
大庭景申「明治教育の基礎を築いた教師たちの『素描』」『東駿の教育史料余話』第五集　一九七〇年　私家版・謄写版
青森県編『青森県史　五』　一九七一年　歴史図書社
倉沢剛『小学校の歴史　1』　一九七一年　ジャパンライブラリービューロー
沢田鈴歳・増村宏「中村正直の敬天愛人」『鹿大史学』第一九号　一九七一年　鹿児島大学文理学部史学地理教室
『東京教育史資料大系』全一〇巻　一九七一～七四年　東京都立教育研究所
原口清『明治前期地方政治史研究』上　一九七二年　塙書房
『都市紀要二十一　東京の中等教育』　一九七二年　東京都
静岡県立教育研修所編『静岡県教育史　通史篇上』　一九七二年　静岡県教育史刊行会
静岡市役所編『静岡市史』第二巻　一九七三年　名著出版
飯塚伝太郎編『静岡の人びと』　一九七四年　静岡市教育委員会

『湖西の教育百年のあゆみ』　一九七四年　湖西市教育委員会
駿東教育史編集委員会編『駿東教育史』　一九七五年　駿東地区教育協会
『山梨県教育百年史　第一巻　明治編』　一九七六年　山梨県教育委員会
宮地正人編『幕末維新風雲通信』　一九七八年　東京大学出版会
亀掛川博正「旧幕府公議所について」（Ⅰ）～（Ⅳ）『政治経済史学』第一四六～一五〇号
一九七八年
『杉浦譲全集』第四巻　一九七九年　杉浦譲全集刊行会
『浜松市史　三』　一九八〇年　浜松市役所
「昌平学科名録」『江戸』第二巻（幕政編２）　復刻版　一九八〇年　立体社
山本俊冬「静岡藩小学校における洋算教育の史的考察」『教育学部研究報告　人文・社会科
学篇』第三〇号　一九八〇年　静岡大学
山口博「沼津兵学校旧蔵書について」『葵』第一三号、一九八〇年、静岡県立中央図書館
宮崎ふみ子「開成所に於ける慶応改革」『史学雑誌』第八九巻第三号　一九八〇年
『久能山叢書』第五編　一九八一年　久能山東照宮社務所
山本幸規「静岡藩お雇い外国人教師Ｅ・Ｗ・クラーク」『キリスト教社会問題研究』第二九

号　一九八一年
鳥居正博訓注『鳥居甲斐晩年日録』　一九八三年　桜楓社
静岡県民権百年実行委員会編『静岡県自由民権史料集』　一九八四年　三一書房
石上良平・石上漑子編『山路愛山　人生・命耶罪耶』　一九八五年　影書房
倉沢剛『幕末教育史の研究　三』　一九八六年　吉川弘文館
加納正巳「近藤鎮三『欧米回覧私記』」『静岡女子大学研究紀要』第二〇号　一九八六年
桑原伸介「幕末一洋学者の手紙」1〜7　『みすず』第三〇六号〜第三一五号　一九八六〜八七年　みすず書房
西脇康編『旗本三嶋政養日記』　一九八七年　私家版
ヒュー・コータッチ「外国人が見た江戸・明治の静岡⑧」『静岡新聞』一九八七年九月二十四日夕刊
松田清「府中学問所の『和蘭書目』」『日蘭学会会誌』第一二巻第二号　一九八八年
『静岡県史　資料編16近現代一』　一九八九年　静岡県
函商百年史編集委員会編『函商百年史』　一九八九年　函館商業高等学校創立百周年記念協賛会

坂本寿夫編『津軽近世史料5　弘前藩記事　三』一九九〇年　北方新社
国立教育会館編『幕末明治海外渡航者総覧』第二巻　一九九二年　柏書房
掛川市史編纂委員会編『掛川市史』下巻　一九九二年　掛川市
『木村熊二・鐙子往復書簡』一九九三年　東京女子大学比較文化研究所
『勝海舟全集別巻　来簡と資料』一九九四年　講談社
坂井達朗「幕末・明治初年の弘前藩と慶応義塾」『近代日本研究』第一〇巻　一九九四年　慶応義塾福沢研究センター
松浦元治「元幕臣の士魂から師魂へ」『清見潟』第四号　一九九四年　清水郷土史研究会
坂口筑母「旧官学派系明治初期の漢詩人たち」その一六、二四『東洋文化』復刊第七二号、第八〇号　一九九四年・一九九八年　財団法人無窮会
『萩原文庫目録』一九九六年　浜岡町立図書館
外務省編『外務省沿革類従』一九九七年　クレス出版
松本和男『石上露子研究』第二輯　一九九七年　私家版
辻達也「明治維新後の徳川宗家―徳川家達の境遇―」『専修人文論集』第六〇号　一九九七年　専修大学学会

市原正恵「資料紹介　金城隠士『静岡時代の回顧』（明治8年10月〜同11年2月）―付黒川正小伝―」『静岡県近代史研究』第二三号　一九九七年　静岡県近代史研究会

石田徳行「静岡学問所刊行『四書白文』・『小学白文』について」『静岡の文化』第五一号　一九九七年　財団法人静岡県文化財団

『神に仕えたサムライたち―静岡移住旧幕臣とキリスト教―』一九九七年　沼津市明治史料館

山下英一「グリフィスと静岡のクラーク」『若越郷土研究』第二四八号　一九九八年　福井県郷土誌懇談会

坂口筑母『稿本向山黄村伝』一九九八年　私家版

『新訂増補国史大系52　続徳川実紀　第五巻』（新装版）一九九九年　吉川弘文館

宮地正人『幕末維新期の社会的政治史研究』一九九九年　岩波書店

石塚博翻訳・解説『サムライボーイ物語―佐藤顕理伝―』一九九九年　密門会出版部

竹内洋『学歴貴族の栄光と挫折』一九九九年　中央公論新社

樋口雄彦「旧幕臣・静岡県出身者の同郷・親睦団体」『沼津市博物館紀要』二四　二〇〇〇年　沼津市歴史民俗資料館・沼津市明治史料館

大久保利謙他編『津田真道全集』下巻　二〇〇一年　みすず書房
上村直己『明治期ドイツ語学者の研究』　二〇〇一年　多賀出版
樋口雄彦「東京府の私塾・私学にみる静岡藩出身者の教育活動」『静岡県近代史研究』第二七号　二〇〇一年　静岡県近代史研究会
樋口雄彦「静岡移住旧幕臣がもたらした私塾の叢生」『季刊　静岡の文化』第六八号　二〇〇二年　財団法人静岡県文化財団
島津俊之「河田羆の地理思想と実践―近世と近代のはざまで―」『人文地理』第五六巻第四号　二〇〇四年　人文地理学会
島津俊之「明治初年の地誌家・河田羆の経歴と著作目録」『和歌山地理』第二四号　二〇〇四年　和歌山地理学会
飯島千秋『江戸幕府財政の研究』　二〇〇四年　吉川弘文館
上利博規・小二田誠二編『駿府・静岡の芸能文化』第四巻　二〇〇六年　静岡大学人文学部
樋口雄彦「大原幽学没後門人と明治の旧幕臣」『国立歴史民俗博物館研究報告』第一二五集　二〇〇六年　国立歴史民俗博物館

あとがき

本書は、著者の沼津兵学校研究の副産物であり、既刊の拙著『旧幕臣の明治維新　沼津兵学校とその群像』と対をなすものである。

長年にわたる沼津兵学校研究の過程で、姉妹校たる静岡学問所に関する資料・情報を見出すことがあり、また両校を比較研究する必要も生じた。幸い沼津兵学校に関しては論文や史料紹介、著書を公にする機会に恵まれ、その中で静岡学問所についても必要な限りではあるが言及することができた。しかし、学問所だけに焦点を絞った文章を発表する機会はなく、蓄積された資料や情報を全面的に活用することはできなかった。そこで、それらを十分に活用することにより、従来物足りなさを感じていた静岡学問所の実像をより豊かなものとするべく、本書の執筆を思い立った次第である。

物足りなさを感じていた原因の一つに、学問所に結集した教授・生徒たち一人一人に関する情報の少なさが挙げられる。四半世紀にわたる研究により、沼津兵学校に関しては多くの教授・生徒を追跡し、彼らにまつわる実に多数の新事実・新資料を発見することができた。個別人物の追跡は、兵学校そのものについても多くの事柄を明らかにすることにつながった。

それと同じことを静岡学問所のほうでも行いたいと思っていた。

　残念ながら、現時点においても静岡学問所の関係人物については、まだまだその履歴すら詳らかでない者のほうが多い。学問所自体についても未解明な点が少なくない。従って本書は、今後も続行すべき調査・研究の中間報告にすぎない。これからも新たな発見や成果があった際には様々な形で公表していきたいと思っている。

　掲載した写真は、飯田耿子、菊池三男、三田佳平、芳賀久雄、人見寧則、大原幽学記念館、御前崎市立図書館、国立国会図書館、静岡市、沼津市明治史料館、梅蔭寺次郎長資料室、八王子市郷土資料館の皆様からご提供いただいた。末筆ながら、本書執筆にあたりご協力いただいた、その他多くの機関・個人も含め、心より御礼申し上げる。

二〇一〇年八月

樋口　雄彦

樋口雄彦（ひぐち・たけひこ）
1961年（昭和36）熱海市に生まれる。静岡大学人文学部卒。沼津市明治史料館学芸員を経て、現在、国立歴史民俗博物館・総合研究大学院大学准教授。博士（文学）。著書『旧幕臣の明治維新　沼津兵学校とその群像』（吉川弘文館）、『沼津兵学校の研究』（吉川弘文館）。

静岡学問所

静新新書　038

2010年8月10日初版発行

著　者／樋口　雄彦
発行者／松井　純
発行所／静岡新聞社
〒422-8033　静岡市駿河区登呂3-1-1
電話　054-284-1666

印刷・製本　図書印刷

・定価はカバーに表示してあります
・落丁本、乱丁本はお取替えいたします

ISBN978-4-7838-0361-4 C1221